Kleine Diogenes Taschenbücher 70122

de
te
be

D1865803

[illegible]

Georges Simenon

Brief an meine Mutter

Aus dem Französischen von Trude Fein

Diogenes

Titel der 1974 bei Presses de la Cité, Paris,
erschienenen Originalausgabe:
›Lettre à ma mère‹
Copyright © 1974 by Georges Simenon
Die deutsche Erstausgabe erschien 1978
im Diogenes Verlag
Umschlagfoto: Georges Simenon mit
zweiundzwanzig Jahren

Veröffentlicht als
Kleines Diogenes Taschenbuch, 1997
Alle deutschen Rechte vorbehalten
Diogenes Verlag AG Zürich
Copyright © 1978
500/97/51/1
ISBN 3 257 70122 5

Donnerstag, den 18. April 1974

Meine liebe Mama,

Es ist ungefähr dreieinhalb Jahre her, daß du im Alter von einundneunzig Jahren gestorben bist, und vielleicht beginne ich dich jetzt erst kennenzulernen. Ich habe meine Kindheit und meine Jugendzeit mit dir im gleichen Haus verlebt, aber als ich dich mit neunzehn Jahren verließ, um nach Paris zu gehen, warst du für mich noch immer eine Fremde.

Übrigens habe ich dich nie Mama genannt, sondern Mutter, wie ich auch meinen Vater nicht Papa nannte. Warum? Wie kam das? Ich weiß es nicht.

Seither habe ich Liège ein paar kurze Besuche abgestattet. Der längste war der letzte, als ich im Hôpital de Bavière, wo ich als Bub bei der Messe zu ministrieren pflegte, eine Woche lang Tag um Tag deinem Todeskampf zusah.

Das Wort paßt jedoch nicht recht auf die Tage, die deinem Tod vorausgingen. Du lagst, von Verwandten oder mir unbekannten Leuten umringt, auf deinem Bett. An manchen Tagen konnte ich kaum bis zu dir gelangen. Ich habe dich stundenlang beobachtet. Du hast nicht gelitten und keine Angst empfunden. Du hast auch nicht von früh bis abend den Rosenkranz abgehaspelt, obwohl eine Nonne in schwarzer Tracht Tag für Tag regungslos auf dem gleichen Stuhl in dem gleichen Winkel saß.

Manchmal, oft sogar, hast du gelächelt. Doch das Wort »Lächeln« hat, auf dich angewendet, nicht ganz seinen üblichen Sinn. Du blicktest uns, die wir dich überleben und dir bis zum Friedhof folgen würden, ruhig an, und manchmal verzogen sich deine Lippen zu einem ironischen Ausdruck.

Man hätte meinen können, du wärest schon in einer anderen Welt oder vielmehr in deiner eigenen Welt, in deiner inneren Welt, die dir vertraut war.

Denn dieses Lächeln, in dem auch Melancholie und Resignation lagen, habe ich seit meiner Kindheit gekannt. Du hast das Leben über dich ergehen lassen. Du hast es nicht gelebt.

Man hätte meinen können, du harrtest nur auf den Augenblick, bis du endlich, vor dem großen Ausruhen, auf deinem Spitalbett liegen dürftest.

Dein Arzt war mein Jugendfreund. Er versicherte mir, daß du nach der Operation, die er vorgenommen hatte, sanft einschlafen würdest.

Das hat ungefähr acht Tage gedauert, die längste Zeit, die ich in Liège verbrachte, seit ich es mit neunzehn Jahren verließ, und wenn ich aus dem Spital kam, konnte ich es mir nicht verkneifen, mich alten Jugendfreuden hinzugeben, zum Beispiel Muscheln mit Pommes frites oder frischen Aal zu essen.

Muß ich mich schämen, daß ich gastronomische Bilder mit dem Bild deines Spitalzimmers verquicke?

Ich glaube nicht. Es stimmt eines zum anderen. Das Ganze stimmt zusammen – dieses Ganze, das ich zu entwirren versuche und das du vielleicht früher als ich verstanden hattest, als du mich mit einer Mischung aus Gleichgültigkeit und Zärtlichkeit anblicktest.

Solang du lebtest, haben wir einander nie geliebt, das weißt du ja. Wir haben beide nur so getan.

Heute glaube ich, daß jeder sich ein ungenaues Bild vom anderen machte.

Bringt es eine Klarheit, die man vorher nicht hatte, wenn man weiß, daß man diese Erde verlassen wird? Ich weiß es noch nicht. Immerhin bin ich ziemlich sicher, daß du die Leute, die dich besuchen kamen, die Neffen und Nichten, die Nachbarinnen, recht genau katalogisiert hast.

Und als ich kam, hast du mich ebenfalls katalogisiert.

Aber was ich in deinen Augen und in deinem ruhigen Gesicht suchte, war nicht das Bild, das du dir von mir machtest; es war dein wirkliches Bild, das ich zu erkennen begann.

Ich war bewegt, besorgt. Am Abend vorher hatte mich mein alter Schulkamerad Orban angerufen, der jetzt Chefarzt am Hôpital de Bavière ist und dich operiert hatte. Ich war auch so schnell wie möglich gekommen – über die Schweizer Straßen, dann über die deutsche Autobahn und schließlich noch ein Stück belgische Straße.

Plötzlich stand ich wieder vor dem großen, glänzend lackierten Tor des Hôpital de Bavière, vor der ich als Kind immer atemlos ankam, besonders im Winter, wenn ich durch die menschenleeren Straßen gerannt war, wo ich mich aus Angst mitten auf der Fahrbahn hielt.

Ich fand sofort deinen Pavillon und dann deine Tür. Ich klopfte an, und jemand rief: »Herein!«

Es gab mir einen Schock, als ich mindestens vier oder fünf Leute und außerdem noch eine schwarzgekleidete Nonne erblickte, die in deinem kleinen Spitalzimmer Wache zu halten schien, wie eine Schildwache.

Ich schlängelte mich zu deinem Bett durch, um dich zu begrüßen, und du sagtest mir sehr einfach, als wäre es die natürlichste Sache der Welt:

»Warum bist du denn gekommen, Georges?«

Dieser Satz hat mir später, als ich darüber nachdachte, vielleicht ein wenig von deinem Ich offenbart; er blieb mir auf der Seele liegen.

Ich küßte dich auf die Stirn. Irgend jemand, ich weiß nicht wer, trat mir seinen Stuhl ab. Ich habe dich eindringlich betrachtet. Ich glaube, ich habe dich in meinem ganzen Leben nie auf diese Art betrachtet.

Ich war darauf gefaßt, eine halb bewußtlose Sterbende vorzufinden. Ich begegnete wieder deinen Augen, die ich schon früher zu beschreiben versucht habe, aber ich werde sie nochmals beschreiben müssen, denn ich beginne sie erst mit der Zeit zu verstehen.

Warst du erstaunt, mich zu sehen? Hattest du gedacht, ich würde nicht kommen, um bei deinem Todeskampf und deiner Beerdigung dabei zu sein? Hast du mich für gleichgültig oder gar feindselig gehalten?

War die Überraschung in diesen verwaschenen grauen Augen echt oder wieder einmal alte Hinterlist? Ich kann den Gedanken nicht loswerden, du hättest gewußt, daß ich kommen würde, und mich erwartet – aber da du von jeher jedem Menschen und ganz besonders mir zu mißtrauen pflegtest, hattest du gefürchtet, daß ich doch nicht kommen würde.

Die Leute, die dich umringten, waren nicht so diskret, das Zimmer zu verlassen.

Ich mußte sie selbst hinausschicken, ihnen sagen, daß ich einen Augenblick mit meiner Mutter allein sein wollte.

Die Nonne rührte sich nicht. Sie blieb ruhig auf ihrem Stuhl sitzen, so unbeweglich, so undurchdringlich, wahrscheinlich auch so gleichgültig, wie eine Statue. Sie sagte mir nie Guten Tag, wenn ich eintrat. Sie sagte mir auch nie Adieu, wenn ich ging.

Man hätte meinen können, daß sie die Schlüssel zur Pforte des Todes, des Himmels und der Hölle verwahrte und nur auf den richtigen Zeitpunkt wartete, um sie zu benützen.

Wir sahen einander lange an. In deinem Gesicht lag keine Traurigkeit; es lag überhaupt keine Empfindung darin, die ich mit Sicherheit definieren könnte.

Ein Sieg? Vielleicht. Du warst das dreizehnte von dreizehn Kindern. Als du zur Welt kamst, machte dein Vater Bankrott. Du warst fünf Jahre alt, als er starb.

So fing dein Leben an. Du bliebst mit deiner Mutter allein zurück. Deine Geschwister hatten sich zerstreut, einige lagen schon auf dem Friedhof. Ihr hattet eine bescheidene, mehr als bescheidene Wohnung in einer armseligen Straße von Liège, und ich habe nie erfahren, wovon ihr gelebt habt, deine Mutter und du, bis du mit neunzehn Jahren Verkäuferin in einem Warenhaus wurdest.

Ich besitze eine schlechte Photographie von dir, die aus dieser Zeit stammt. Du warst hübsch, dein Gesicht zeigte noch die weichen Rundungen der Jugend, doch deine Augen drückten gleichzeitig eiserne Willenskraft und Mißtrauen gegen die ganze Welt aus.

Wenn deine Lippen auch ein Lächeln andeuten, so ist es doch ein unjunges Lächeln, in dem schon alle Bitterkeit der Welt liegt, und deine Augen starren voller Härte in den Photoapparat.

»Warum bist du gekommen, Georges?«

In diesem kleinen Satz liegt vielleicht die Erklärung für dein ganzes Leben.

Als wir, abgesehen von der Anwesenheit der Nonne, allein waren, wußtest du mir nichts zu sagen, und auch ich wußte dir nichts zu sagen. Ich ergriff deine abgemagerte Hand, die auf der Decke ruhte. Sie war ohne Wärme, gleichsam ohne Leben.

Wärest du wirklich enttäuscht oder gekränkt gewesen, wenn ich nicht gekommen wäre? Ich weiß es nicht.

Die Leute, die bei meiner Ankunft dein Zimmer füllten, die kanntest du. Du wußtest sozusagen von jedem einzelnen, was er von dir erwartete; der eine Geld, die andere eine deiner beiden Anrichten, eine dritte die Hauswäsche, und so fort.

Denn du hast dir nie Illusionen gemacht. Du hast niemals einem Menschen geglaubt. Soweit ich zurückdenken kann, hast du immer und überall Lüge und Eigennutz gewittert.

Als ich noch nicht sechs Jahre alt war und gerade in das Institut Saint-André eintrat, glaubtest du schon, daß ich dich anlüge. Und du hast es immer geglaubt. Zum letztenmal besuchtest du mich in Epalinges. Ich hatte dich für ein paar Wochen zu mir eingeladen, mit dem Hintergedanken, dich in einem der ausgezeichneten Altersheime der Umgebung unterzubringen, denn du warst schon sehr alt und behindert.

Epalinges, das ich vor zwei Jahren zum Kauf ausgeschrieben und noch immer nicht verkauft habe, ist ein sehr großes Haus, es wirkt ziemlich luxuriös. Es erfordert zahlreiche Angestellte. Du verbrachtest deine Tage zum großen Teil im Garten, unter dem beweglichen Schatten einer Birke.

Was dich beschäftigte, war nicht die Frage, wie du deine letzten Lebensjahre verbringen würdest. Wenn es dir gelang, jemanden vom Hauspersonal zu erwischen, fragtest du mit mißtrauischem Blick:

»Ist die Besitzung wirklich bezahlt?«

Diese Frage hat dich schon beunruhigt, als ich dich in die Richardière einlud. Das war ein kleineres Rittergut, zu dem ein großer Teich voller Enten, ein riesiger Gemüsegarten, ein Wäldchen und einige Wiesen gehörten. Auch dort verbrachtest du einen guten Teil des Tages in einem Fauteuil im Freien. Ich glaube, damals besaß ich noch nicht mehr als drei Pferde. Das machte einen Stallknecht nötig. Der Garten und der Geflügelhof wurden von einem Gärtner besorgt. Auch damals, im Jahre 1931, hatte ich schon ziemlich viel Leute um mich.

Du sahst sie ihrer Arbeit nachgehen, du beobachtetest sie, und als du einmal mit Boule allein warst, fragtest du:

»Hat mein Sohn große Schulden?«

Fünfzig Jahre lang vermochte ich dich nicht davon zu überzeugen, daß ich arbeitete und mir mein Brot verdiente.

Dieser Argwohn richtete sich nicht nur gegen mich. Er war dir angeboren. Das fünfjährige kleine Waisenmädchen, das mit seiner Mutter allein lebte, konnte einfach nicht an Wunder glauben.

Aber im Grunde war ich der Hauptgegenstand dieses Argwohns.

Aus Liebe? Aus Besorgnis, daß ich mir eine falsche Stellung anmaßte? Weil du Angst hattest, ich könnte Gott weiß was für einen Betrug begehen?

Nur du, Mutter, könntest diese Fragen beantworten. Ich für mein Teil kann bloß Vermutungen anstellen. Die Tage, die ich an deinem Sterbebett verbrachte, haben mir vielleicht dabei geholfen.

Soeben habe ich dich Mutter und nicht Mama genannt. Ich bin eben von klein auf daran gewöhnt, dich so zu nennen. Ich erinnere mich sehr gut an meine Kindheit, besser als die meisten Menschen. Wenn mein

Gedächtnis auch oft versagt, wo es um Ereignisse aus der letzten Zeit geht, bei meinen ersten Lebensjahren ist es von photographischer Präzision.

Ich weiß nicht, ob du mich jemals auf den Schoß genommen hast. Jedenfalls hat es keine Spuren in meiner Erinnerung hinterlassen, was bedeutet, daß es nicht oft passiert ist.

Das »Vater« und »Mutter«, das man mir beibrachte, kam wahrscheinlich nicht von dir, und ich kann dir deswegen nicht böse sein. Mein Vater hatte ein sehr weiches Herz, aber wie alle Simenons, die ich kannte, ging er nie aus sich heraus.

Ich erinnere mich an eine winzige Episode, die vielleicht bezeichnend ist. Einmal sagtest du ihm in einem Anfall von Mutlosigkeit:

»Wenn ich denke, Désiré, daß du mir niemals gesagt hast: Ich hab dich lieb!«

Worauf Vater, ganz bestimmt mit feuchten Augen, antwortete:

»Aber du bist doch da!«

Hat dich das verhärtet? Hast du, in der Zange zwischen den Brülls, denen du entstammtest, und den Simenons, in deren Sippe du eintratest, etwas wie einen Riß gespürt? Oder Verwirrung?

Das alles, Mutter, will ich zu begreifen versuchen und es dir sagen.

Ich habe neunzehn Jahre lang mit dir zusammengelebt und fast ebenso lange mit Désiré. Du hast viel gearbeitet. Er auch. Das Schicksal hat euch nicht viele Freuden geschenkt.

Heute weiß ich, daß ein Ehepaar mit Kindern nicht bloß ein Paar ist – und daß es dies manchmal vergißt. Im Haus gibt es Kinderaugen, die fast bei allem dabei sind, die Eltern beobachten und mit ihrem kindlichen Verstand über sie urteilen.

Man glaubt, einfach Vater und Mutter zu sein.

Das stimmt nicht. Die beiden sind zwei Individuen, und jede ihrer Bewegungen, jedes ihrer Worte, jeder ihrer Blicke werden unbarmherzig beurteilt.

Jetzt, da du tot bist und ich dir einen meiner seltenen Briefe schreibe, bin ich selbst Vater und natürlich nicht mehr unbarmherzig.

Heute frage ich mich, was du in deinem ständigen Argwohn dachtest, während ich stundenlang an deinem Bett saß und dich eindringlicher betrachtete, als ich wollte. Vielleicht hast du dir gesagt:

›Er wartet ungeduldig, bis es mit mir zu Ende ist, damit er aus dem Spital wegkommt und wieder heimfahren kann.«

Vielleicht bedeutete auch der Schatten eines Lächelns, das am Morgen um deine Lippen lag:

›Siehst du! Ich bin immer noch da . . .‹

Ich aber bemühte mich in diesen langen Stunden, dich zu verstehen, dich kennenzulernen, mir die kleine Henriette Brüll, die du einmal warst, vorzustellen, denn man kennt einen Menschen nur dann wirklich, wenn man seine Kindheit kennt.

Von deiner kenne ich nur einzelne Bruchstücke, die vielleicht ebensosehr der Legende wie der Wirklichkeit angehören, denn du sprachst so selten wie möglich davon, und damals, als ich jung war, erlaubte man sich nicht, seine Eltern nach ihrer Vergangenheit auszufragen.

Ich kenne die Rue Féronstrée und die kleinen Gassen, die in sie münden. Ich weiß, daß du mit deiner Mutter in einem dieser Gäßchen gewohnt hast. Ich weiß auch, daß du nicht Französisch, sondern ein mit deutschen Brocken vermischtes Flämisch gesprochen hast, so daß du in den Geschäften ausgelacht wurdest, wenn man dich eine Kleinigkeit einkaufen schickte.

Auch dein Vater ist für mich eine legendäre Gestalt. Er war Gutsverwalter auf einer großen Besitzung in der Provinz Limbourg, am Ufer des Kanals. Ich fuhr in den Ferien hin, denn jetzt leben dort Verwandte. Dein Vater war *dijkmaster*, Deichhauptmann, worauf du mit Recht sehr stolz warst. Der *dijkmaster* verwahrt nämlich die Schlüssel zu den Schleusen, die es gestatten, bei großer Trockenheit das Land unter Wasser zu setzen, und das macht ihn zu einer wichtigen Persönlichkeit.

Warum ist er aus dem Limbourg fortgezogen? Du hast es mir nie gesagt. Ich finde ihn in Herstal, am Stadtrand von Liège wieder, wo er mit seiner ganzen Familie im alten Schloß von Pépin de Herstal wohnte. Er besaß vier oder fünf Lastkähne und war, soviel ich weiß, Holzgroßhändler.

Ich besitze eine Photographie von ihm. Er ist ein Mann mit energischen Zügen und hartem Blick. Er war Deutscher, in der Nähe der holländischen Grenze geboren, und heiratete eine Holländerin.

Wie, und warum, war er nach Belgien gekommen? Warum begann er mit etwa fünfzig Jahren unmäßig zu trinken? Ich weiß es nicht. Feststeht, daß er eines Abends nach einer großen Sauferei Wechsel für einen Freund gegenzeichnete, daß dieser Freund Bankrott machte und daß er auf einen Schlag ruiniert war.

Du warst also fünf Jahre alt, als du das alte Schloß von Herstal verlassen mußtest. Von dieser Zeit hast du mir als einzige Erinnerung erzählt, daß du ein Schaf besaßest. Man hatte es dir als Lämmchen geschenkt, und du wolltest dich nicht von ihm trennen, als es groß wurde.

Wie war das Leben in Herstal? Wie ging das vor sich, die Zerstreuung deiner Geschwister, die alle viel älter waren als du?

Siehst du, das alles hätte ich wissen wollen, denn es hätte mir geholfen, die Mutter, die aus dir geworden ist, zu verstehen.

In deiner Lebensgeschichte, so wie du sie mir erzählt hast, klaffen große Lücken. Ich besitze eine Photographie deiner Mutter: eine hochmütige Frau mit ebenmäßigen Zügen, die aber genau so hart sind wie die ihres Mannes, die aus dem Bild blickt, als wollte sie der Welt Trotz bieten.

Wenn man an die Wohnungstür dieser Frau klopfte, stellte sie rasch ein paar Kochtöpfe aufs Feuer, um die Leute glauben zu machen, daß sie ein üppiges Mahl zubereitete.

Davon ist dir auch etwas geblieben. Etwas davon und das Gegenteil. Du warst gleichfalls stolz, Mutter, aber du warst sozusagen stolz auf deine Niedrigkeit. Du warst stolz darauf, arm zu sein und niemanden um etwas zu bitten. Du stelltest dich sogar ärmer, als du warst, als wäre Armut eine Tugend, und heute, mit einundsiebzig Jahren, beginne ich mich zu fragen, ob es nicht wirklich so ist.

Ich habe dich oft sagen gehört:

»Siehst du, Maria, wir kommen mit dem Allernotwendigsten aus.«

Schon als ich ganz klein war, haben mich die Worte »das Allernotwendigste« verfolgt. Ich betrachtete sie als eine Beleidigung meines Vaters, denn wenn er dich geheiratet und eine Familie gegründet hatte, war er doch offenbar fähig, für sich einzustehen.

Aber du warst eine Brüll, und die Brülls wollten sich nie damit abfinden, von mittlerem Stand, geschweige denn arm zu sein.

Einer deiner Brüder, den ich nur einmal im Leben gesehen habe, war sehr reich und besaß ein Schloß. Er war, wie dein Vater, eine wichtige Persönlichkeit im Limbourg: er verkaufte den Landwirten Dünger und Saatgut und kaufte ihnen dann ihre Produkte ab.

Dieser Bruder hatte dich nach deiner Heirat nie besucht, er kam nie zu uns. Doch als ich einmal ein Möbelstück aus imitierter Eiche betrachtete, erzähltest du mir:

»Meine Mutter und ich hatten ein paar antike Möbel behalten, die noch von meinem Vater herstammten. Einmal kam der Bruder und sagte uns, diese wackligen alten Möbel wären doch unpraktisch, er würde uns dafür neue kaufen.«

Mein Onkel ließ die Familienerbstücke abholen und ersetzte sie großmütig durch Serienmöbel aus dem Warenhaus.

Das hast du schon damals verstanden. Ich weiß jetzt, daß du vieles verstanden hast, daß zahllose Erinnerungen, von denen ich nichts weiß, dich allmählich zu der Frau gemacht haben, die meine Mutter wurde.

Ich sah dich an. Ich beobachtete den Ausdruck deiner Augen, wenn der eine oder andere Besucher eintrat. Von Zeit zu Zeit sah ich dich die Lider schließen, als hättest du das alles schon satt, die Besucher und mich auch.

Du hast deinen Vater kaum gekannt, denn er starb, als du fünf Jahre alt warst. Kanntest du deine Mutter viel länger? Ich weiß nicht, wann sie starb und woran sie starb. Ich weiß auch nicht, wie alt du warst und was für Probleme es dir brachte.

Es verblüfft mich, zu entdecken, wieviel leerer Raum zwischen zwei Generationen bestehen kann, wo doch jeder von uns durch seine Gene, wenn nicht durch seine Erziehung, seinen Eltern ähnelt.

Während du unbeweglich auf deinem Spitalbett lagst, hast du dich, wie ich dich kenne, gefragt, woran ich wohl dachte, wenn ich dich stundenlang so anblickte. Wie ich dir schon sagte, besitze ich nur eine Photographie deines Vaters, und er bleibt für mich eine außergewöhnliche und geheimnisvolle Gestalt.

Ich suchte in deinem Gesicht nach seinen Zügen. Schließlich entdeckte ich einen: deine schmalen, fast immer festgeschlossenen Lippen, die sich nicht einmal beim Lächeln öffneten, sondern sich nur etwas in die Länge zogen.

Warst du deinem Vater nachgeraten? Jedenfalls habe ich keinerlei Ähnlichkeit mit deiner Mutter entdeckt, von der im Familienalbum ebenfalls ein Bild ist. Im Gegenteil. Als die Armut jäh über sie hereinbrach, erhob deine Mutter stolz ihr Haupt und blickte mit hochmütiger, ruhiger Verachtung auf die Welt.

Du, du senktest den Kopf. Du wolltest demütig erscheinen. Du sagtest allen Leuten bei jeder Gelegenheit danke, der Milchfrau so gut wie deinen Schwestern.

Aber war dieses »danke«, das du auch mir beibrachtest, nicht eher ein Ausdruck von innerem Hochmut?

Ich wüßte vor allem gern, was sich bei dem plötzlichen Bankrott meines Großvaters abspielte. Als ich alt genug war, um mich umzuschauen, war das Schloß von Herstal niedergerissen. Meine Onkel und Tanten kannte ich nur als alte Leute.

Du warst ein kleiner Spätling, das Kind, das zur Welt kam, als man es schon nicht mehr erwartete, und das die Tochter eines seiner Geschwister hätte sein können. Ein paar von meinen Kusinen waren deine Altersgenossinnen.

Dein Vater – das weiß ich, weil es zur Familienlegende gehört – trank in seinen letzten Jahren viel, er war sogar ein richtiger Säufer geworden.

Die Legende erzählt wie gesagt auch, daß er aus Gefälligkeit die Wechsel eines angesehenen Mitbürgers gegenzeichnete, der mit ihm am Stammtisch zu sitzen pflegte. Dieser Mann machte Bankrott, und dein Vater mußte die Wechsel honorieren, für die er gebürgt hatte.

Ich kenne den Namen dieses Mannes. Ich sah ihn in mächtigen weißen Buchstaben auf großen zweispännigen Fuhrwerken stehen, die in meiner Kindheit durch die Stadt kutschierten.

Später passierte etwas, wovon ich dir absichtlich nichts erzählte. Im Jahr 1952 fuhr ich zu einem Empfang der *Académie belge* nach Belgien. Natürlich kam ich auch nach Liège. Du wohntest noch immer in einem der bescheidenen Häuschen in der Gegend der Place du Congrès, wo ich meine Kindheit verbracht hatte.

Die Stadt Liège bereitete mir ein unerwartetes Willkommen. Es gab offizielle Empfänge und nicht minder offizielle Déjeuners und Diners in verschiedenen Häusern der Stadt. Du nahmst an allen teil.

Eines Abends jedoch fand in der Nähe von Embourg – wo wir so oft die Ferien verbracht hatten – ein Diner statt, zu dem mich einige Journalisten mitnahmen, obwohl es nicht zum offiziellen Programm gehörte.

So kam ich in eine sehr große, sehr schöne, ja geradezu luxuriöse Villa, wo man mich mit einem großartigen Bankett empfing.

Am gleichen Nachmittag hatten mir die Journalisten von Liège eine goldberingte Tabakspfeife überreicht, die ich bei Tisch neben meinen Teller legte.

Nach dem Essen kam die Herrin des Hauses, eine noch jugendliche, recht hübsche, etwas mollige Dame, mit lebhaftem Blick auf mich zu.

»Wissen Sie, Monsieur Simenon, daß die Beziehungen zwischen Ihrer und meiner Familie schon jahrealt sind?«

Was hätte ich darauf antworten sollen? Ich kannte nicht einmal den Namen meiner Gastgeberin, denn man schleppte mich von einem Diner und einem Empfang zum anderen.

»Ich bin die Tochter von Monsieur X. Er war ein Freund Ihres Großvaters.«

Ich wurde ganz steif und war nahe daran, das Haus ohne jedes weitere Wort zu verlassen. Sie war die Tochter des Mannes, der deinen Vater ruiniert hatte.

Ich blieb jedoch noch kurze Zeit, dann ging ich – in Gedanken an das fünfjährige kleine Mädchen, das du einst warst. Am nächsten Morgen merkte ich, daß mir die Pfeife, die Erinnerungsgabe meiner Kollegen von Liège, abhanden gekommen war. Ich erzählte es einem von ihnen, der sofort Nachforschungen anstellte.

Die Pfeife wurde gefunden. Der Sohn meiner gestrigen Gastgeberin hatte sie sich angeeignet und sie in seinem Zimmer versteckt.

Wie du siehst, sind wir von der gleichen Familie zweimal bestohlen worden.

Die Pfeife war nicht wichtig. Wichtig ist die für das Leben so bedeutsame Zeitspanne zwischen deinem fünften Jahr und dem Tag, an dem du dich als schüchternes, kleines Dickerchen in der *Innovation* vorstelltest.

Hat dein Vater seinen Ruin lange überlebt? Ich weiß es nicht. Ich weiß nur, daß er an Krebs starb. Wie alt waren deine Brüder? Deine Schwestern? Wie standest du mit ihnen?

Wenn ich an diese Periode deines Lebens denke, kommst du mir wie ein aus dem Nest gefallenes Vögelchen vor.

Wenn ich mich nicht irre, sprach die ganze Familie bald deutsch, die Muttersprache des Vaters, bald flämisch, die Muttersprache der Mutter, die ja Holländerin war.

Ich stelle mir dich vor, wie du in den Läden der Rue Féronstrée, einer volkstümlichen Geschäftsstraße, genau wie die Rue Puits-en-Sock, wo mein Vater zur Welt kam, französische Worte herausstotterst, die du rechts und links aufgeschnappt hast.

Wo bist du zur Schule gegangen? Wo immer es gewesen sein mag, du warst dort eine kleine Fremde, über die die anderen Kinder sich sicher lustig machten. Man mußte dir jedes französische Wort erklären. Und wenn du in die bescheidene Wohnung deiner Mutter heimkehrtest, sprachst du wieder das Gemisch aus Deutsch und Flämisch, in dem ich dich dein Leben lang mit deinen Geschwistern reden hörte.

Das kam euch ganz natürlich über die Lippen. Mein Vater, der in seinem Winkel saß, ohne etwas von euren Familiengesprächen zu verstehen, konnte nur schweigen.

Dachtest du in deinen letzten Tagen, als du mit einem dünnen Lächeln auf deinen schmalen Lippen friedlich dalagst, manchmal an das Schäfchen deiner Kinderjahre, an die Lastkähne deines Vaters, die, von Pferden geschleppt, die Kanäle durchfurchten, an die Baumstämme, mit denen sie beladen waren, an die hohen Holzstöße, die sich um Schloß Herstal auftürmten?

Du hast uns so gut wie nie davon erzählt, und man hätte meinen können, daß du auf deinem Spitalbett Bilder wiedersahst, die nur noch dir gehörten.

Deine Geschwister waren nicht mehr am Leben, da sie ja viel älter waren als du, und du warst einundneunzig Jahre alt. Die kleine Letzte hatte bis zum Schluß durchgehalten. Und sonderbar – als die Familien all deiner Geschwister sich allmählich aufgelöst hatten, wie es das Los jeder Familie ist, suchte man bei dir Zuflucht.

All die anderen kamen von der anderen Seite des Flusses. In Liège gilt das *Quartier d'Outremeuse*, das Stadtviertel jenseits der

Maas, als volkstümliche, wenn nicht gar proletarische Gegend.

Trotzdem kamen sie, einer nach dem anderen, und kauften oder mieteten dort ein Haus, um ganz in deiner Nähe zu sein.

Ich möchte mich nicht zu der Behauptung versteigen, daß es eine Vergeltung des Schicksals war. Aber du mußt es dir heimlich gedacht haben, denn die gleichen Geschwister nannten dich als ganz junges Mädchen, als du stark abgenommen hattest und an überreizten Nerven und unvermittelten Weinkrämpfen littest, »einen Spatzen für die Katze«.

Der Spatz für die Katze hat sie alle begraben.

Während ich dies schreibe, frage ich mich, ob wir in den langen Stunden, da wir einander schweigend anstarrten, manchmal zufällig an die gleichen Dinge dachten. Was mich betrifft, kam mir eine peinliche Erinnerung in den Sinn, die Erinnerung an einen Vorfall, dessen ich mich schäme, und es gibt nicht viele Dinge in meinem Leben, derer ich mich schämen müßte.

Es war auf eben dieser Reise nach Liège, im Jahr 1952. D., meine zweite Frau, begleitete mich und suchte sich soviel wie möglich vorzudrängen.

Der Bürgermeister und die Stadtbehörden hatten mir einen prachtvollen Empfang bereitet. Unter anderem veranstalteten sie ein großartiges Déjeuner im Musée d'Assembourg, einem alten Patrizierhaus, das mit seinen Möbeln und Bildern, seinen Teppichen und Nippsachen, unverändert die Zeit überdauert hat.

In einem kleinen Raum, der sich an den monumentalen Speisesaal anschließt, spielte ein Kammerorchester César Franck, Grétry und Mozart.

Doch als es zu spielen begann, hatte sich der Vorfall schon ereignet. Auf der Festtafel lag zur Rechten des Platzes, der für mich bestimmt war, ein Kärtchen mit deinem Namen. D. ergriff es mit einer raschen Bewegung und sagte herrisch:

»Du sitzt hier, Mama!«

Dabei führte sie dich zu dem Platz, der für *sie* vorgesehen war.

Haben andere die Szene beobachtet? Zweifellos. Ich hatte damals nicht den Mut, einzugreifen, aber während der ganzen

Mahlzeit hörte ich nichts von der Musik und später auch nichts von den Tischreden, weil ich mich so schämte.

Es ist eine der schlimmsten Erinnerungen meines Lebens.

Um sie durch eine lustigere Erinnerung an die gleiche Reise gewissermaßen auszulöschen, will ich dir ein Diner in einem großen Restaurant von Liège ins Gedächtnis rufen. Meine journalistischen Kollegen, darunter einige, mit denen ich früher zusammengearbeitet hatte, überließen den größten Teil meiner Zeit den Offiziellen. Sie beanspruchten nur einen Abend für sich, zu einem gemütlichen Essen, ohne Förmlichkeiten, das eben in diesem Restaurant stattfinden sollte.

Sie empfahlen mir jedoch, dich nicht mitzubringen, weil es eine wenig konventionelle Zusammenkunft werden sollte, bei der es vielleicht heiterer zugehen würde, als es deinem Geschmack entsprach.

Ich erklärte dir also, daß du zu diesem Abend nicht eingeladen wärest.

Du hast, wo es um mich ging, immer das Schlimmste angenommen. Manchmal warst du scharfsichtiger als ich, aber meistens irrtest du dich.

Ich sehe noch, wie du den Kopf schüttelst und mit verärgerter Miene sagst:

»Mein Gott, sei vorsichtig, Georges! Die werden dich bestimmt zu einer Orgie schleppen!«

Natürlich gab es keine Orgie.

Dieses gleichsam angeborene Mißtrauen, das du mir, soweit ich nur zurückdenken kann, von meiner frühesten Kindheit an bezeigt hast, konnte ich nie begreifen, und wahrscheinlich hat es dazu beigetragen, eine Schranke zwischen uns aufzurichten. Du schienst mich immer der ärgsten Missetaten zu verdächtigen. Wenn Christian, mein um drei Jahre jüngerer Bruder, in Tränen ausbrach, fuhrst du zuerst einmal auf mich los:

»Was hast du ihm jetzt wieder getan?«

Ich hatte ihm gar nichts getan. Er weinte aus irgendeinem Grund, der nichts mit mir zu tun hatte. Heute frage ich mich, ob es nicht notwendigerweise in jeder Familie einen Bösewicht geben muß. Dieser Bösewicht war ich.

Ich bin dir darum nicht böse. Manchmal war ich es, unter anderem um das Jahr 1942 herum, als ich dich in dem Roman *Pedigree* unter dem Namen Elise schilderte. Heute bin ich mir bewußt, daß das ziemlich konfuse Bild, das ich von dir zeichnete, nicht richtig war.

Damals vermied ich es übrigens, das Buch zu veröffentlichen. Ich ließ es, um dich nicht zu kränken, zehn Jahre lang in meinem Schreibtisch liegen. Als es schließlich erschien, hörte ich zu meiner Verblüffung von Bekannten, daß du es stolz jedem Menschen in deiner Nachbarschaft zu lesen gabst, und daß du deine Briefe statt mit »Henriette« mit »Elise« unterschriebst.

Am meisten freute mich, daß die Behörden von Liège, vom Bürgermeister bis zum Gouverneur, dich nach meinem eben erwähnten Besuch der Stadt fortan zu allen öffentlichen Veranstaltungen und Banketten einluden und dich sogar in einem Wagen abholen ließen.

Wie du siehst, lebt in meinem Gedächtnis Gutes und Schlechtes nebeneinander, wie vermutlich in jedem Gedächtnis, und ich denke, es kam dir in deinem Spitalzimmer wohl auch manchmal in den Sinn, daß ich im Grunde vielleicht nicht so »schlecht« wäre, wie du es dir vorgestellt hattest.

Einige Zeit darauf lud ich dich ein, zu mir in die Vereinigten Staaten zu kommen und zu bleiben, solang es dir Freude machte. Ich hatte damals eine sehr große Besitzung in

Connecticut, und ich fürchtete mich ein wenig vor deiner Reaktion, die immer kam, wenn du an mir oder in meiner Umgebung etwelchen Luxus entdecktest.

Ich holte dich mit meinem Wagen vom Internationalen Flughafen ab und sah zu meiner Verblüffung, daß du wie eine Bettlerin daherkamst, obwohl ich genau wußte, daß eine Verwandte von dir, die mehrere Schneiderateliers besaß, dich mit einer ansehnlichen Garderobe ausgestattet hatte.

Zu Hause angelangt, fragte ich dich, ob du nichts anderes anzuziehen hättest, und du sagtest: »Nein!« Wie aus Trotz. Tatsächlich aus Trotz, aber es war ein Trotz, den ich heute begreife und eigentlich billige.

Die kleine »Letzte« aus der Rue Féronstrée, die kleine Verkäuferin aus der *Innovation*, der ihre reichgewordenen Brüder nie geholfen hatten, lehnte sich instinktiv gegen alles auf, was viel Geld kostete.

»Weißt du, Maria, ich komme mit dem Allernotwendigsten aus...«

Das eine stimmt zum anderen. Ich fuhr mit dir nach New York und kaufte dir ein paar Kleider. Und hierher gehört eine kleine tragikomische Geschichte – im Grunde eher tragisch als komisch.

D. hatte immer die Manie, in den Schränken und den Angelegenheiten anderer zu wühlen. So entdeckte sie, daß du nur ein ganz schäbiges, ganz aus der Fasson gegangenes Korsett besaßest. Sie ging hin und kaufte dir ein anderes. Dein altes warf sie, ohne es dir zu sagen, in den Mülleimer.

Am nächsten Morgen sah sie höchst erstaunt, daß das Korsett nicht mehr darin lag. Du warst offenbar in der Nacht aufgestanden, hattest den Weg durch ein ziemliches Gewirr von Gängen gefunden, weiß Gott wie die Haustür geöffnet und dich wie ein Mäuschen an der Wand des Hauses entlanggeschlichen, bis du die Mülleimer entdecktest. Du hast nichts gesagt. Niemand hat dir etwas gesagt. Am Abend warf D. in ihrer Halsstarrigkeit das Korsett wieder in den Mülleimer – und du gingst es noch einmal holen.

Daraus entwickelte sich ein richtiger Weiberkrieg, der Kampf zwischen zwei Willenskräften. Auf der einen Seite D., überheblich, aggressiv, mitleidlos, und auf der anderen Seite das kleine alte Weiblein, das mit den ältesten Fetzen am Leibe aus Liège gekommen war, als wollte es verkünden:

›Ihr habt mich eingeladen. Ihr habt auf meinem Besuch bestanden. Schön, da bin ich! Ihr müßt mich nehmen, wie ich bin, denn ich lasse mir von euren großartigen Manieren nicht imponieren!‹

Hast du wieder an das alles gedacht, Mutter? Ich habe es getan – und noch an viele andere Dinge, die jahrelang in meinem Gedächtnis begraben waren. Ich will versuchen, sie dir zu sagen.

Von Angesicht zu Angesicht, in einem kleinen Spitalzimmer und im Bewußtsein, daß der andere nur noch ein paar Tage zu leben hat, drängt es einen, sich selbst zu erforschen, und man tut es aufrichtig, ohne irgendwelche Winkelzüge.

Die Leute, die in deinem Zimmer kommen und gehen, sind unwichtig. Übrigens scheinen sie gar nicht zu kommen und zu gehen. Sie schleichen auf so leisen Sohlen, daß man sie weder eintreten noch hinausgehen hört. Sie stehen oder sitzen (falls sie einen Stuhl finden) stundenlang, möchte man meinen, im Zimmer herum, wohl um auf den Tod zu warten.

Nur die Klosterschwester sitzt unabänderlich, reglos wie ein Wachsbild da, die plumpen braunen Hände mit dem Rosenkranz im Schoß. Worauf sie wartet, weiß ich nicht. Wahrscheinlich auf dasselbe wie die anderen.

Der treueste Besucher ist ein ziemlich beleibter Mann, der irgendwie vage zur Verwandtschaft gehört und mir zwei, drei Mal geschrieben hat, ich solle ihm und seiner Familie ein Haus in der Umgebung von Liège kaufen. Davon habe ich dir nie etwas gesagt, aber ich weiß, daß du es erraten hast.

In Wahrheit geht es nur um uns beide, die wir einander gewissermaßen die Stirn bieten. Du bist einundneunzig Jahre alt, doch in meinen Augen bist du nicht älter geworden. Du hattest von jeher dieses schmale Gesicht, den bleichen Teint, die dünnen Lippen.

Ich bin um die siebzig herum. Wir sind durch zwanzig Jahre getrennt. Ich weiß so gut wie nichts davon, was sie für dich bedeuteten, und noch weniger von den Jahren davor.

Wie kommt es, daß du, die Jüngste, das Photoalbum der Familie besitzt? Wollten deine älteren Geschwister es dir nicht streitig machen? Hast du es dir mit deinem Starrsinn errungen wie alles andere in deinem Leben?

Es ist ein dickes grünes Lederalbum mit vergoldeten Ecken und einer goldenen Rose auf dem Deckel.

Ich habe dich öfter nach den Personen gefragt, die auf seinen Seiten zu sehen sind. Damals war die Photographie noch wenig verbreitet. Man mußte eigens zum Photographen gehen, der den Kopf unter ein schwarzes Tuch steckte, um seinen Apparat einzustellen. Im allgemeinen tat man das nur zu besonderen Anlässen.

Dein Vater und deine Mutter stehen an angemessener Stelle. Ich erkenne auch einige deiner Schwestern und Schwäger, denen ich als Kind begegnet bin.

Doch es gibt andere, von denen du mir nichts sagen konntest, und ich bezweifle, daß du selber weißt, wer sie waren. Da ist vor allem eine sehr steife Frau mit starrem Blick und strengem Gesicht, die eine mir unbekannte Uniform trägt; soviel ich verstanden habe, ist es die Tracht einer deutschen religiösen Sekte. Es gibt auch einen jungen Mann in der Offiziersuniform des Deutschen Kaiserreichs, der ein Onkel von mir sein muß.

Ich denke aber nicht an diese Leute, während ich dich ansehe, sondern an eine andere Photographie: ein sehr junges, noch nicht erwachsenes Mädchen mit einem langen Trauerschleier, der von ihrem schwarzen Krepphütchen bis auf den Boden fällt.

Das bist du. Ich weiß nicht, wie alt du warst, ich weiß nicht, um wen du Trauer trugst. Weißt du es selber noch? Es gab damals so viele Trauerfälle in der Familie, daß ich dich und deine Schwestern öfter in Trauerschleiern gesehen habe als in hellen Kleidern.

Manchmal frage ich mich, ob wir beide, du in deinem Bett, ich auf meinem unbequemen Stuhl, in diesen Tagen nicht ein seltsames Spiel miteinander spielen.

Du weißt, daß du sterben mußt. Mein Freund Orban hat es dir nicht verheimlicht, mit Recht. Übrigens war es niemals leicht, dir etwas zu verheimlichen.

Du lebst also schon so gut wie außerhalb der Welt, ich meine die Welt der Menschen, und du betrachtest uns mit einer gewissen Ironie. Aber vielleicht ist es auch Mitleid.

Denn wir, die wir dich ebenfalls betrachten, haben noch einen mehr oder weniger langen Weg vor uns, und wie er aussehen wird, davon können wir uns keinen Begriff machen.

Du, du weißt es, und darin besteht deine Überlegenheit. Vielleicht ist das auch die Erklärung des leisen Lächelns, das ab und zu um deine Lippen huscht?

Einst warst du aber siebzehn Jahre alt. Das ist das Alter, auf das ich das junge Mädchen in Trauer auf dem Bild einschätze. Vielleicht achtzehn Jahre. Es umgibt dich noch ein Hauch von Kindheit.

Um diese Zeit stelltest du dich bei der *Innovation* vor. Es ist eines der größten Warenhäuser von Liège, und du hast mir oft erzählt, wie du voller Selbstvertrauen, mit beinahe herausforderndem Blick, zu einem gewissen Monsieur Bernheim gingst, der damals der Direktor des Geschäfts war.

Denk dir, ich habe mir sogar den Namen gemerkt: Monsieur Bernheim! Er war bedeutsam für deinen ersten Lebensabschnitt, denn schon am Tag darauf standest du hinter einem Ladentisch.

Als Kind ging ich oft mit dir in die *Innovation.* Du kanntest die meisten Verkäuferinnen und gingst von einer Abteilung in die andere, um alle zu begrüßen und von dir Bericht zu geben.

Diese Berichte müssen nicht sehr heiter gewesen sein, denn die Gespräche endeten fast immer mit dem Taschentuch vor den Augen.

Ich hätte von jeher so gern eine Photographie von dir gehabt, aus der Zeit, da du noch ein richtiges Kind warst, als dein Vater gestorben war und du mit deiner Mutter in der Nähe der Rue Féronstrée wohntest. Im Album gibt es keine. Ein ganzes Stück deiner Vergangenheit hat keine Spuren hinterlassen, und gerade dieses Stück interessiert mich leidenschaftlich.

Auch so habe ich allen Grund anzunehmen, daß du bereits ein kleines Mädchen mit sehr reizbaren Nerven und von übergroßer Empfindlichkeit warst, das aber durch irgendein Wunder sein seelisches Gleichgewicht und seine Willenskraft bewahrte.

Willenskraft hast du dein Leben lang besessen, und jetzt, wo du hier auf einem Spitalbett liegst, das dein Totenbett sein wird, bin ich nicht sicher, ob du dir nicht selbst deine Todesstunde gewählt hast. Du wärst dazu durchaus imstande!

Noch ein Geheimnis: Wo bist du meinem Vater begegnet? Wie habt ihr euch kennengelernt? In der *Innovation* hattest du eine Arbeitskollegin, Valérie, die ebenso klein war wie du, aber kein hübsches Gesicht hatte. Ihr wart innig befreundet. Wenn der hochgewachsene Désiré draußen vor den Spiegelscheiben vorbeiging, sagte vielleicht die eine oder andere von euch – ich weiß nicht welche:

»Was für ein stattlicher Gang!«

Denn mein Vater, der einen Meter fünfundachtzig groß und dabei schlank war, marschierte mit großen, metronomisch regelmäßigen Schritten.

Seid ihr durch dieses Schaufenster hindurch miteinander bekannt geworden? Ist das, was für euch die Liebe war, auf diese Art entstanden? Als ich klein war und auch später noch, als ich zum Mann heranwuchs, pflegten Eltern von solchen Dingen nie zu sprechen.

Désiré verabschiedete sich täglich um dieselbe Stunde mit einem Kuß von seiner Mutter und begab sich aus der Rue Puits-en-Sock gewissermaßen mechanisch in sein Büro, das neben dem Bahnhof Guillemins lag. Er war damals schon einer der höheren Angestellten der Versicherungsanstalt, in der er arbeitete, denn er war der einzige, der das Collège besucht hatte.

Machte Désiré, wenn er zum Mittagessen heimging, absichtlich einen Umweg von fast einer halben Stunde, um dich durch die Scheiben der *Innovation* zu sehen?

Hatte er dich schon bemerkt? Hatte er sich in das winzig kleine junge Mädchen, mit dem hellen, beinahe weißblonden Haar verliebt?

Auch das weiß ich nicht. Ich mußte siebzig Jahre und noch älter werden, um zu erkennen, daß meine ganze Vergangenheit, deine und die meines Vaters, die für alles, was meine Persönlichkeit geformt hat, so bedeutungsvoll ist, wie eine leere Wand vor mir steht.

Hie und da der Umriß einer menschlichen Gestalt, bekannte und noch mehr unbekannte Gesichter im Photoalbum. Abgerissene Satzfetzen, die ich hier und dort aufgeschnappt habe.

Mindestens zwei deiner Schwestern waren ebenso nervös wie du, nervös und beeindruckbar bis zum Exzeß, womit ich nicht geistesgestört sagen will, obwohl die eine in einer – wie man es damals nannte – Irrenanstalt starb und die andere, mit noch nicht vierzig Jahren, an Trunksucht.

Ich möchte eher sagen, daß du abnormal empfindlich warst, und ich bin nicht der einzige, der diese Eigenschaft mehr oder weniger geerbt hat. Als Kind und als junger Mensch war ich mondsüchtig. Es passierte häufig genug, daß ihr mich in meinem weißen Barchentnachthemd unten auf der Straße erwischt habt. Der Arzt riet euch, mein Fenster vergittern zu lassen, und bis zu meiner Abreise aus Liège hatte ich stets Gitterstäbe vor den Augen, nicht viel anders als ein Gefangener.

Noch jetzt leide ich manchmal an Anfällen von Mondsüchtigkeit, was in meinem Alter sehr selten vorkommt. Mindestens zwei meiner Söhne sind ebenfalls Schlafwandler, obwohl sie nicht von derselben Mutter stammen, und mein Enkel auch.

Stammt das von dir? Wahrscheinlich, denn Vater war ein ruhiger Mensch, den ich nie nervös sah und der nie seine Selbstbeherrschung verlor.

Ich bin dem kleinen Mädchen aus der Rue Féronstrée nachgeraten, darum wollen meine Augen es so eindringlich erforschen.

Hast du deshalb so nach Sicherheit gesucht, nach Sicherheit um jeden Preis?

Damals gab es weder Altersrenten noch soziale Fürsorge. Eine einzige Krankheit konnte die Existenz einer Familie gefährden.

Der arme Désiré übte einen Beruf aus, der mit keiner Pension verbunden war und keinerlei Gewähr für eine sichere Zukunft bot.

»Wenn ich denke, daß du nicht einmal eine Lebensversicherung hast!«

Wie oft habe ich diesen Satz von dir gehört, wenn du übler Laune warst! Désiré sagte nichts und wandte den Kopf ab, denn mehr konnte er nicht tun.

Das erfuhr ich später, als er mit vierundvierzig Jahren einem Herzanfall erlag, von seinem Arzt.

Mit fünfundzwanzig Jahren war er schon von dem Leiden befallen. Jedenfalls bildete er für die Versicherungsgesellschaften, mitinbegriffen diejenige, bei der er selbst angestellt war, was man mehr oder weniger elegant »ein Gesundheitsrisiko« nannte.

Er schwieg bis zum Schluß. Ich bin dir nicht böse. Nicht ihn hast du mir als Vorbild für meine berufliche Zukunft hingestellt, sondern einen gewissen Monsieur Reculé, einen munteren Sechziger, der, ich weiß nicht durch welche Winkelzüge des Schicksals, so etwas wie ein Freund unserer Familie geworden war.

Er arbeitete nicht mehr und hatte es nicht nötig, weil er »in Pension« war.

Er war Eisenbahnbeamter gewesen, und bei den Belgischen Eisenbahnen gab es schon Alterspensionen.

Man sah ihn selbstbewußt lächelnd spazierengehen und die Früchte der langen Jahre genießen, die er hinter einem Bahnschalter verbracht hatte. Er brauchte sich nicht einmal um die Zukunft seiner Frau zu sorgen, denn nach seinem Tode würde sie ebenfalls eine Pension beziehen.

Du siehst, Mutter, daß Kinder beobachten und zuhören. Wegen Vaters Krankheit oder vielmehr weil er keine Versicherung besaß, wolltest du unbedingt einen Beamten aus mir machen, einen Mann, der hinter einem Schalter oder in einem Büro der Belgischen Eisenbahnen oder einer ähnlichen Gesellschaft sitzt.

Kann ich dir das verdenken?

Auf sonderbar verschlungenen Gedankenwegen habe ich soeben einen weißen Fleck in der Geschichte deiner Jugend ausgefüllt. Während ich dasaß und dich ansah, fragte ich mich, ob Sterbende manchmal Tränen vergießen und ob du selber welche vergießen würdest.

Das Wort »Tränen« löste eine Erinnerung in mir aus.

Eine deiner Schwestern, eine sehr schöne Frau, war mit einem Kolonialwarenhändler en gros verheiratet, eben die Schwester, die an Alkoholismus sterben sollte. Sie bekam zuerst einen Jungen und dann ein Töchterchen.

Deine Mutter muß also zu dieser Zeit schon tot gewesen sein, denn sie nahmen dich ins Haus, nicht als Verwandte, sondern als Kindermädchen. Du hast nicht mit ihnen bei Tisch gegessen, sondern in der Küche, mit zwei oder drei anderen Dienstboten. Und du hattest nicht nur erst ein kleines Kind und dann zwei zu besorgen; wenn deine Zeit nicht ausgefüllt war, übertrug man dir auch andere Arbeiten.

Das ist mir beim Wort »Tränen« wieder in den Sinn gekommen, weil ich dich erzählen hörte, daß du nie im Leben soviel geweint hättest wie dort.

Der Onkel war ein harter Mensch. Die Tante, deine Schwester, war bald die liebevollste, bald die boshafteste Frau, die man sich denken kann.

Ich erinnere mich sehr gut an sie. Im Erdgeschoß ihres Hauses war ein großer Laden, wo die kleinen Lebensmittelhändler und die Marktfrauen ihre Waren einkauften. Wenn du deine Schwester besuchen gingst, wußtest du gleich, in welcher Laune sie war.

Entweder bestand sie darauf, deine Einkaufstasche mit Sardinenbüchsen und anderen Konserven vollzustopfen, wie sehr du dich auch dagegen sträubtest, oder sie rief giftig:

»Kommst du schon wieder betteln!«

Ich kann mir vorstellen, welches Leben du führtest, als du bei ihnen im Dienst standest, ein kleines Aschenbrödel, das nie aufzumucken wagte, und ich glaube dir, daß du viel weinen mußtest.

Woher hast du den Mut genommen, davonzulaufen und dich auf deine eigenen Füße zu stellen? Wo hast du ein Nachtlager gefunden? Wer hat dich auf den Gedanken gebracht, Monsieur Bernheim um eine Stellung anzugehen?

Siehst du, wenn wir einander nicht schweigend ins Gesicht schauten, hätte ich dir viele Fragen zu stellen.

Vielleicht hast du bei Valérie und ihrer Mutter gewohnt, die ich beide gut kannte. Sie glichen zwei Zwerginnen mit Affengesichtern, aber sie trugen, um deinen Ausdruck zu gebrauchen, das Herz in der Hand.

Désiré trug einen Zylinder, wie alle Beamten jener Zeit. Ich habe dich von seinem schönen Gang sprechen gehört und auch, wie elegant er seinen Hut zog.

Hat er eines Abends, bei Geschäftsschluß, den Mut gefunden, auf dich und Valérie zuzugehen und elegant den Hut vor euch zu ziehen? Aber was mag er dabei zusammengestottert haben? Er war doch ein schüchterner Mensch.

Im Wohltätigkeitsverein war er Mitglied der Theatergruppe, erschien aber nie auf der Bühne. Er zog es jahrelang vor, im Souffleurkasten zu sitzen.

Wie brachte dieser Mensch den Mut auf, sich mit euch bekanntzumachen, und das zu einer Zeit, da es als sehr unschicklich galt, eine Frau auf der Straße anzusprechen?

Wie lange wart ihr verlobt?

Er war sehr groß, einen Meter fünfundachtzig, und du ganz klein, nicht viel über einen Meter fünfzig.

Es mußte für euch schwierig sein, Arm in Arm zu gehen.

Du stelltest ihn deiner Schwester vor, deren Kinder du gehütet hattest. Sie rieten dir davon ab, einen ordinären Beamten zu heiraten, der keine Zukunftsaussichten hatte.

Der Vater stellte dich seinen Eltern vor, und die ganze Sippe Simenon stand in der verglasten Küche hinter dem Hutgeschäft in der Rue Puits-en-Sock stocksteif vor der kleinen, tief errötenden Flämin.

Es gab keine Flamen in der Familie. Und du warst nicht einmal eine richtige Flämin. Du warst es nur oder vielmehr du warst nur Holländerin durch deine Mutter, deren Eltern in der holländischen Provinz Limbourg einen großen Bauernhof besaßen.

Sie waren stolze Leute, die etwas im Sack hatten, doch du hattest nichts davon geerbt. Nichts als eine kleine, auf Eiche hergerichtete Weichholzkommode, die ich kannte und von der ich schon gesprochen habe.

Wohin gingt ihr am Sonntag, Désiré und du? Nicht ins Theater. Kinos gab es nicht. Vater setzte keinen Fuß in ein Café, außer Sonntagvormittag zu seiner Kartenpartie.

Sicher gingt ihr im Parc d'Avroy spazieren, wie ich es später mit euch beiden tat; ich nannte ihn den Entenpark, weil es dort einen Teich mit vielen Enten gab.

Ich besitze keine einzige Photographie von eurer Hochzeit, noch von dieser ganzen

Periode eures Lebens. Wie ich Vater kenne, führte er dich sonntags in die Küche der Rue Puits-en-Sock, wo sämtliche Simenons sich um ihre Eltern versammelten.

Richteten sie manchmal das Wort an dich? Wagtest du es selbst zu ergreifen? Ich bezweifle es. Die Simenons bildeten einen so festgeschlossenen Clan, daß du dich dort so fremd fühlen mußtest wie in einem fernen Land.

Ihr wohntet über ein Jahr in der Rue Léopold, im Stadtzentrum, wo ich auch auf die Welt kam. Dann zogt ihr über die Maas hinüber, ganz in die Nähe der Rue Puits-en-Sock, und habt dieses Viertel nicht mehr verlassen.

Du bist jetzt einundneunzig Jahre alt. Ich habe die siebzig hinter mir. Und zwischen uns liegt diese ganze verflossene Zeit. Hat sie dich geprägt? Hast du dir die Erinnerung an ihre Stunden und Tage bewahrt?

Deinem Gesicht zu glauben, scheinst du eher erleichtert, dein Ende kommen zu sehen.

Ich habe von dem Mäuschen gesprochen, das nachts durch die Höfe von Lakeville schlüpfte, um sich sein altes Korsett zurückzuholen. Dein ganzes Leben lang bist du wie ein Mäuschen herumgehuscht. Ich habe dich selten sitzen sehen. Und jetzt sehe ich dich eigentlich zum erstenmal im Bett liegen.

Ich betrachte dein Gesicht, das sich so wenig verändert hat, deine hellen, blaugrauen Augen, die sehr lebendig geblieben sind, und frage mich, ob dein letzter Seufzer nicht ein Seufzer der Erleichterung sein wird.

In deinem Spitalzimmer gibt es etwas, was mich ein wenig beklemmt und mich manchmal am Nachdenken hindert. Das ist die Stille, die hier herrscht. Nur manchmal ein leises Stuhlrücken, wenn jemand aufsteht und weggeht, die gedämpften Schritte eines anderen, der eintritt, das befangene Gestammel, mit dem er dich begrüßt. Das alles erinnert stark an Kirche. Eine Kirche, deren Mittelpunkt du bildest und wo du in deiner Reglosigkeit gewaltige Dimensionen annimmst.

Denn du beherrschst uns alle, die Fremden, die kommen und gehen und zu denen ich mich vielleicht zählen muß, denn ich war ein Fremder für dich; die Tür, die man leise aufmacht und schließt und die jedesmal etwas frische Luft eindringen läßt.

Nur der Besuch des Spitalsgeistlichen verändert die Atmosphäre. Er ist ein großer, kräftiger Mensch, der im täglichen Umgang eher gemütlich sein dürfte.

Sobald er sich zeigt, verlassen alle das Zimmer, ich mitinbegriffen. Nur die Nonne mit ihrem Rosenkranz bleibt ruhig sitzen.

Im Gang bilden sich kleine Gruppen. Man sieht Kranke auf ihren fahrbaren Betten vorbeirollen. Man erhascht leere oder resignierte Blicke.

Ich versteife mich darauf, deine Wahrheit zu ergründen, das heißt, ich bemühe mich weiterhin, dich zu verstehen.

In *Pedigree* warst du eine mehr oder weniger schematische Gestalt. Ich beschrieb einige deiner Taten und Gebärden, ich zitierte einige deiner Aussprüche.

Heute suche ich nach der Seele der wirklichen Henriette.

In der Rue Léopold, wo du dein erstes Ehejahr verlebt hast, hattet ihr eine Zweizimmerwohnung über einem Hutgeschäft, und du mußtest ein halbes Stockwerk hinuntergehen, um zu einem Wasserhahn zu kommen.

Es war eine Kleineleutwohnung, und man könnte sagen, daß du dein Leben lang Wert darauf gelegt hast, der Welt der kleinen Leute anzugehören.

Du wärest sehr erstaunt zu hören, daß ich mich jetzt im Alter mehr und mehr dieser Welt nähere, weil ich spüre, daß sie auch meine Welt ist und weil sie die Welt der Wahrheit ist.

Für dich verkörperte Monsieur Reculé mit seiner Eisenbahnerpension die Sicherheit. Es gab noch jemanden, der, Gott weiß weshalb und wieso, eine Zeitlang zu unserer Umwelt gehörte.

Er hieß Monsieur Rorive. Er war klein, rundlich, rosig wie ein Baby. Obendrein war er außerordentlich pedantisch in seinem Äußeren, und ich habe den Verdacht, daß er einen Lappen in der Tasche trug, um jedes Stäubchen, das er auf einem seiner gelben Schuhe entdeckt hätte, unverzüglich wegzuputzen.

Monsieur Rorive hatte lange Jahre hindurch im säuerlichen Geruch von Butter und Käse ein Milchgeschäft betrieben. Seine Frau war nicht größer als er und gleichfalls dick.

Wenn man sie beide so sauber und wohlgekleidet mit einem naiven Lächeln um die Lippen herumspazieren sah, hatte man unwillkürlich den Eindruck von Überfluß.

Du hast Monsieur und Madame Rorive sehr bewundert. Einmal hast du sogar deinen Bruder mit dem Schloß gebeten, dir ein wenig Geld zu leihen, um selbst ein Milchgeschäft zu eröffnen. Dein Bruder lehnte es ab. Er war ein Geschäftsmann. Milchläden und kleine Schwestern waren nicht sein Fall.

Um Geld zu verdienen, um deine Zukunft um jeden Preis zu sichern, um ganz bestimmt nie mehr das Elend fürchten zu müssen, brachtest du Désiré dazu, in der nächsten Straße ein kleines Haus zu mieten.

In dieser Stadtgegend gab es nur bescheidene Häuschen, die bis auf die Farbe der Haustür und der Fensterrahmen eines wie das andere aussahen. Du hängtest eine kleine Tafel aus: »Möblierte Zimmer zu vermieten«, oder, wie es in Liège heißt: »Chambres garnies.«

Wenn ich dich jetzt so zerbrechlich in deinem Bett liegen sehe, frage ich mich, ob das nicht grausam von dir war. Du mußtest Vaters Charakter kennen. Er war ein Mensch, der auf seine Ruhe hielt, auf seinen Korbsessel, in dem er den Abend verbrachte, seine Pantoffeln und seine Zeitungslektüre.

Schon nach dreijähriger Ehe traute sich die kleine Henriette, die ihre Schwestern einen »Spatzen für die Katze« nannten, dem großen Désiré ihren Willen aufzuzwingen.

Ich war dir deswegen böse. So klein ich war, spürte ich, daß das Haus irgendwie aus dem Gleichgewicht geraten war – das Haus, wo jetzt du allein etwas zu sagen hattest, wo du von früh bis spät an der Arbeit warst und deine Hände mit dem ewigen Wäschewaschen ruiniertest, während der Mann, der abends heimkam, oft einen Polen oder Russen in seinem Korbsessel und seine Zeitung in der Hand eines anderen fand.

Als ich acht oder neun Jahre alt war, brachte man eine deiner Schwestern ins Irrenhaus. Das war ein Schock für mich. Ich war dabei. Ich sehe noch die Droschke vor der Tür, ihren Mann, der, die Hände vors Gesicht geschlagen, schluchzend an der Hausmauer lehnte.

Ich dachte bei mir – heut gestehe ich es dir:

»Wenn einmal eine Droschke käme und meine Mutter holte!«

Man nannte dich ein Nervenbündel. Das heißt, daß der leiseste Widerspruch, die kleinsten Widerwärtigkeiten, dich übermäßig reizten.

Unter anderem erinnere ich mich an gewisse Sonntagnachmittage. Frühmorgens hatte man beschlossen, eine Landpartie zu machen, in die allernächste Umgebung von Liège, denn wir konnten nur die Straßenbahn nehmen. Nach dem Mittagessen mühtest du dich im Schlafzimmer, deinen Haarknoten aufzustecken. Es gelang dir nicht, und jedesmal, wenn er wieder aufging, wurdest du fiebriger und nervöser, die Tränen stiegen dir in die Augen, und schließlich warfst du dich schluchzend aufs Bett.

Mein Bruder und ich standen in unseren Sonntagskleidern bereit. Wir warteten, ohne etwas zu begreifen, ungeduldig vor der Haustür.

Der Vater ging, auch schon zum Ausgehen gekleidet, zwischen uns und dir und dir und uns hin und her.

»Nur noch ein paar Minuten, Kinder – Mutter fühlt sich nicht wohl.«

Das ist hundertmal, zweihundertmal passiert. Christian und ich trauten uns nicht hinauf. Manchmal hörten wir Schreie und dann lange, atemlose Monologe, die Vorwürfe waren.

Vorwürfe gegen den Vater, der ruhig und geduldig dabeistand.

Wie konntest du es nur mit gewissen Mietern aushalten, die sich in deiner Küche breitmachten, um die Heizung in ihrem Zimmer zu sparen, und dich beinahe zu deiner eigenen Tür hinausdrängten?

Ihnen gegenüber bliebst du immer freundlich, und ich begriff nicht warum. Heute weiß ich es: Diese Mieter verkörperten das, was ich dich später deine alten Tage nennen hörte.

Désiré mit seinem bescheidenen, aber ausreichenden Monatslohn würde einmal nicht mehr dasein, und auf uns, deine Kinder, wolltest du dich keinesfalls verlassen.

Es galt, deine alten Tage zu sichern. Vielleicht lag etwas Krankhaftes in dieser fixen Idee. Deine Schwester war im Irrsinn gestorben. Dein Vater hatte ein frühes und nicht ganz reguläres Ende genommen. Er hatte im Alkohol eine Art von Gleichgewicht oder Ungleichgewicht gefunden und damit seine Familie ins Elend gestürzt. Ein Bruder von dir war so etwas wie ein Landstreicher; man sah ihn manchmal im Zickzack durch die Straßen torkeln.

Und wenn meine Kusine, die Tochter des Kolonialwarenhändlers en gros, ihre Freundinnen zu Besuch erwartete, sperrte sie ihre Mutter ins Schlafzimmer ein, damit man sie nicht betrunken sähe.

Du, du hast nie etwas getrunken, außer ein Glas leichten Wein, wenn du zu Neujahr eine andere Schwester besuchtest.

Diese Schwester hatte es übrigens wie du gemacht: sie hatte die Leitung der Familie unerbittlich fest in die eigene Hand genommen.

Ihr Mann, der viel älter war als sie und einen langen weißen Bart hatte, wie die Heiligen auf den Kirchenfenstern, saß in einer dunklen Kammer, die auf den Hof ging, und flocht Weidenkörbe für die Flußschiffer.

Deine Schwester dagegen thronte hinter dem Ladentisch ihrer *épicerie*, wo man auch Getränke ausschenkte.

Ich habe nie erfahren, woher dieser biblische Onkel stammte. Er saß auch nie mit uns in der Küche, geschweige denn im Salon, wo meine Kusinen Klavier übten.

Er hatte sein Winkelchen in der Kammer, in die niemals ein Sonnenstrahl drang, nicht viel anders als ein an die Kette gelegter Hund.

Du folgtest deinem Schicksal wie die anderen. Ich nehme es meiner Großmutter Simenon nicht mehr so übel, daß sie dich nur mit Mißtrauen in die Familie eintreten sah.

Du gehörtest einer anderen Rasse an. Obendrein hattest du Angst, eine Angst, die fast mit deiner Geburt begann.

Und mit deinem matten, undefinierbaren Lächeln hattest du zu kämpfen beschlossen.

Für jeden von uns gibt es Menschen, die ihn eine längere oder kürzere Strecke auf seinem Weg begleiten. Erst wenn wir die Bilanz unseres Lebens ziehen, können wir erkennen, welchen Einfluß jeder auf unser Schicksal ausgeübt hat.

Du hattest deinen Vater verloren, als du fünf Jahre alt warst, und deine Mutter, soweit ich die Ereignisse zu rekonstruieren vermag, in deinem vierzehnten oder fünfzehnten Lebensjahr.

Als du ein paar Jahre später in die *Innovation* eintratest, mußte jemand auftauchen: Valérie, die, das möchte ich beschwören, eine viel größere Rolle in deinem Leben gespielt hat, als es scheint. Es war der Moment, in dem junge Mädchen sich flüsternd ihre Zukunftsträume anvertrauen. Valérie war, wie gesagt, nicht schön, sie war sogar bei all ihrer Gutherzigkeit ausgesprochen häßlich. Bist du sicher, daß es nicht Valérie war, die dich durch die Spiegelscheiben der *Innovation* hindurch auf Désiré aufmerksam machte, der einen so schönen Gang hatte? Daß nicht sie es war, die täglich auf sein Vorbeigehen lauerte?

Ich habe Valérie sehr gut gekannt, bis zur Zeit, als ich mit neunzehn Jahren Liège verließ. Sie dürfte sich nicht viel verändert haben, höchstens ein bißchen eingeschrumpft sein.

Sie kam einmal wöchentlich zum Essen zu uns, zuerst mit ihrer Mutter und dann allein. Ich erinnere mich an die Blicke, die sie dem Vater zuwarf, an ihr erregtes Lachen, wenn er sie neckte. Und er neckte sie oft, vielleicht, um diese oberflächliche Erregung zu genießen.

Das erinnert mich an einen Ausspruch von dir. Aus einem mysteriösen Grund, vielleicht weil Valéries Mutter sehr krank war, mußtest du bei ihr schlafen, und als du am nächsten Morgen heimkamst, sagtest du:

»Ich kann neben einer Frau einfach nicht schlafen. Der Geruch ist mir widerlich.«

Das sind winzige Pinselstriche. Aber eben diese Pinselstriche muß ich in meinem Gedächtnis zusammensuchen, um ein über einundneunzigjähriges Leben zu rekonstruieren, um in den Augen, die mich anblicken, zu lesen und mir die Worte dieses dünnlippigen Mundes vorzustellen, der nicht zu mir spricht.

Du hattest viele Mieter, immer drei oder vier zugleich. Manche zogen nur durch, das heißt, daß sie nur ein Jahr an der Universität von Liège verbrachten, andere hingegen haben drei oder vier Jahre lang bei uns gewohnt.

Du brachtest für alle die gleiche Geduld, die gleiche Freundlichkeit auf, besonders für die ärmeren. Du gingst abends später zu Bett, um ihre Socken zu stopfen.

Einer besaß gar keine Socken, so arm war er. Er lebte von einem Ei und einem Stück Brot am Tag. Du versuchtest ihm mit allen möglichen Listen ein Stückchen Wurst oder einen Teller von unserem Mittagessen aufzudrängen, aber du warst auf einen Armen gestoßen, der noch stolzer war als die arme Frau, die du sein wolltest.

Ich weiß nicht, was aus ihm geworden ist; wahrscheinlich ein Ingenieur in Polen; falls er nicht in einem anderen Land arbeitete, was ich wünschen würde, denn er war Jude und hätte in den Verbrennungsöfen geendet.

Drei-, viermal verbrachten wir den Sonntagnachmittag bei der Tante, deren Kinder du zum Teil aufgezogen hattest, der Frau des Kolonialwarenhändlers, die als Alkoholikerin sterben sollte. Was ist zwischen euch vorgefallen? Oder, was wahrscheinlicher ist, zwischen ihnen und Désiré, denn ich glaubte zu verstehen, daß wir seinetwegen nicht mehr mit ihnen verkehrten.

Es gab solche Zeiten, manche länger, manche kürzer, in denen wir jeden Sonntag bei einer bestimmten Tante verbrachten, übrigens immer bei Tanten von deiner Seite. Was dich betraf, war es fast, als ob die Familie Simenon, die Leute aus der Rue Puits-en-Sock, gar nicht existierten.

Mein Vater ging jeden Morgen auf dem Weg ins Büro seine Eltern begrüßen, auch nachdem seine Mutter gestorben war. Sonntag früh waren alle Jungen, alle Mädchen dort in der Küche versammelt, wo es nach den auf dem Herd schmorenden Speisen roch. Mein Urgroßvater, der schon blind war, saß in seinem Lehnstuhl, und die Enkel kamen ihn besuchen.

Der Großvater schenkte stets jedem Kind fünf Centimes und mir zehn Centimes. Das ist komisch, denn er liebte mich nicht mehr als die anderen, aber es war ganz im Sinn der Simenons: Ich war der älteste Sohn seines ältesten Sohnes, mit anderen Worten das künftige Oberhaupt der Familie.

All diese Bilder bestürmen mich, Mutter, während ich dich zu verstehen suche, bevor du endgültig entschwindest. In ein, zwei Tagen, in drei Tagen längstens, wirst du nicht mehr sein. Die Leute, die in dem kleinen Zimmer unbeweglich auf ihren Stühlen sitzen, werden sich wieder ihren eigenen Angelegenheiten zuwenden, und auch ich werde nach Hause, zu meinen eigenen Kindern zurückfahren.

Werden sie sich eines Tages den Kopf über mich zerbrechen, wie ich ihn mir jetzt über dich zerbreche? Ich bezweifle es, und jedenfalls werde ich es nie erfahren.

Als ich von Liège fortzog, war Vater soeben gestorben, und wieder einmal war es eine Frau in Trauer, in einem langen schwarzen Schleier, die ich hinter mir zurückließ. Obwohl ich sehr jung und ohne feste Stellung war, fühlte ich mich gewissermaßen für dich verantwortlich und schickte dir jeden Monat ein wenig Geld.

Ich schrieb dir auch. Ich weiß nicht, ob diese Briefe noch existieren, aber ich habe allen Grund anzunehmen, daß sie steif und geschraubt, ohne richtigen Schwung waren, denn wir waren nie wirklich vertraut miteinander gewesen.

Eine Szene zum Beispiel, die ich nie aus meinem Gedächtnis auslöschen konnte, war bezeichnend für meine ganze Jugend. Ich weiß nicht mehr, aus welchem Grund du sehr böse auf mich warst, während ich dir trotzig die Stirn bot. Denn ich bekenne, daß auch ich niemals nachgeben wollte, wenn ich mich im Recht fühlte.

Jedenfalls hattest du einen deiner hysterischen Anfälle, wie so oft vor unseren sonntäglichen Ausflügen, und du fielst mit unbeherrschter Wut über mich her. Ich konnte deine Worte nicht verstehen, denn du sprachst instinktiv flämisch oder deutsch. Du warfst mich zu Boden und tratest mich laut schreiend mit Füßen.

Schließlich konnte ich dir entkommen und lief durch die Straßen, bis zu Vaters Büro. Ich traute mich nicht, ihm die Wahrheit zu sagen, ich zitterte noch vor unterdrückter Angst.

»Was hast du, Sohn?«

Der Vater nannte mich nie Georges, sondern »Sohn«, wie auch ich meist meine Kinder nenne.

Ich sagte ihm nicht die ganze Wahrheit. Ich sagte, du wärest in Zorn geraten und hättest dich sehr aufgeregt und mich geohrfeigt.

Der Vater hat mich nie geohrfeigt, ebensowenig wie meinen Bruder.

Ich erinnere mich an diese Szene ohne Groll. Tatsächlich trägt sie zur Erklärung deiner Persönlichkeit bei. Die längste Zeit lebte ich in der Furcht, daß ein Wagen kommen und dich abführen könnte, wie es bei deiner Schwester geschehen war. In dir war irgendein Übermaß, das du nicht beherrschen konntest, aber gleichzeitig warst du äußerst scharfsichtig.

Ich möchte dich an eine andere, noch nicht lange zurückliegende Geschichte erinnern, die etwas mit dieser zu tun hat, wenn auch im entgegengesetzten Sinn.

Vor drei oder vier Jahren lud ich dich auf einige Zeit zu mir nach Epalinges ein. Da du schon so alt und niemals im Flugzeug gereist warst, schickte ich meine Sekretärin nach Liège, um dich abzuholen.

Wir hatten dir das Fernsehzimmer der Kinder als Schlafzimmer eingerichtet und unter anderem einen ziemlich leichten Schrank hineingestellt. Auch dein Essen wurde dir in dieses Zimmer gebracht, denn du fühltest dich recht abgespannt und wolltest nicht zu den gemeinsamen Mahlzeiten ins Erdgeschoß hinunterkommen. Nach deinem Mittagessen pflegtest du dich hinzulegen.

Eines Tages warst du zur üblichen Zeit nicht wach, und auch eine halbe Stunde später war noch nichts von dir zu hören. Yole, unser damaliges Stubenmädchen, guckte schließlich leise zur Tür hinein. Da saßest du auf einem Stuhl, mit blaugeschlagenem, schmerzverzerrtem Gesicht, obwohl du zu lachen versuchtest.

Während man dich allein ließ, warst du zum Schrank gegangen und, da du das obere Brett nicht erreichen konntest, auf den Sockel gestiegen. Der Schrank war umgekippt und auf dich gestürzt.

Anstatt zu rufen, anstatt zu schreien, warst du mühsam zum Stuhl gekrochen und hattest dich irgendwie hinaufgehievt. Und dort hattest du wortlos, stoisch gewartet, während deine mageren Hände den Schatz umklammerten, den du hattest holen wollen.

Denn es war wirklich ein Schatz. Ein paar kleine Säckchen mit Goldmünzen, und auf jedem Säckchen stand der Name eines meiner Kinder.

Du hattest dein Leben lang gearbeitet, um, wie du es nanntest, deine alten Tage zu sichern, und jetzt brachtest du uns die Frucht deiner Sparsamkeit in purem Gold. Ich habe die Säckchen noch nicht unter meine Kinder verteilt. Ich warte, bis alle volljährig sind und fest im Leben stehen, damit sie nicht leichtsinnig vergeuden, was du mit soviel Mühsal erworben hast.

Am gleichen Tag hast du übrigens noch etwas getan, was mich einerseits sehr geschmerzt, mir aber andererseits Bewunderung abgezwungen hat. Du hast mir einen Briefumschlag überreicht mit dem ganzen Geld, das ich dir fast fünfzig Jahre lang Monat für Monat geschickt hatte.

Du wolltest arm sein, du wolltest dir ein würdiges Ende sichern, aber du wolltest niemandem etwas zu verdanken haben, nicht einmal und vielleicht vor allem nicht deinem eigenen Sohn.

Ich sehe, daß ich mich eben geirrt habe, aber das kommt daher, daß Yole die Tür aufmachte, als ich nicht dabei war. Dein Gesicht war nicht mit blauen Flecken, sondern mit Blut bedeckt. Man wusch es ab, bevor ich es sehen konnte, um mich nicht zu erschrecken, und rief schleunigst einen befreundeten Arzt. Ich mußte dich im Krankenwagen nach Lausanne bringen, wo man dich durchleuchtete und behandelte, denn das eine Bein und die Rippen taten dir sehr weh.

Zum Glück war nichts gebrochen, aber du bist noch tagelang am Arm des einen oder anderen Helfers herumgehinkt.

Dabei kommt mir eine andere Erinnerung. Ich habe von meiner Angst gesprochen, daß einmal eine Droschke vor unserer Tür halten könnte, um dich dorthin zu bringen, wohin eine andere Droschke deine Schwester gebracht hatte.

Diese Angst hast du, absichtlich oder unabsichtlich, in mir genährt. Wenn du zornig warst, konntest du plötzlich ausrufen:

»Au, mein Bauch! Du bringst mich noch ins Spital, Georges, du wirst schon sehen...«

Ich war ein Kind. Ich ministrierte in demselben Spital, wo du jetzt stirbst, um sechs Uhr früh bei der Morgenmesse. Damals waren die Spitäler hauptsächlich für arme Leute bestimmt, und ich habe sie noch heute in ihrer gestreiften Spitalkleidung vor Augen, wie Sträflinge, mit einem Schlafrock aus rauhem, grauem Zeug darüber.

Die Vorstellung, daß man dich ins Spital bringen, daß ich dich dort in dieser Tracht sehen würde, erschreckte mich derartig, daß ich mich, auch wenn ich im Recht war oder im Recht zu sein glaubte, auf die Knie warf und dich um Verzeihung bat.

Und jetzt finden wir uns nach so vielen Jahren, beide alt geworden, in dem gleichen Spital gegenüber, von Wachsfiguren umringt.

Es gibt zwei oder drei Milliarden Menschen auf der Erde. Die Zahl stimmt sicher nicht genau, denn ich bin gegen Statistiken und Zahlen im allgemeinen allergisch.

Wie viele Menschen gab es in vorgeschichtlichen Zeiten? Das weiß niemand. Jedenfalls kann man annehmen, daß sie so wie heute gegeneinander gekämpft und sich gegenseitig umgebracht haben, daß sie gegen ihre Nächsten, gegen die großen kosmischen Katastrophen und gegen Seuchen zu kämpfen hatten.

Aber alle haben sich mehr oder weniger die gleiche Frage gestellt:

»Was ist der Mensch? Wer ist mein Nächster?«

Heute sucht die Ethnologie die Spuren jener frühen Menschen zu ergründen, die ja schließlich unsere Ahnen waren; und in den Laboratorien der ganzen Welt bemühen sich die Biologen, den heutigen Menschen zu erforschen.

Trotzdem kennen wir die Leute nicht, die Tür an Tür mit uns wohnen, denen wir Tag für Tag auf der Straße begegnen oder mit denen wir Seite an Seite arbeiten.

Wir sind zwei, die einander ansehen, Mutter. Du hast mich zur Welt gebracht. Ich bin deinem Schoß entsprungen, du hast mir meine erste Nahrung gegeben, und dennoch kenne ich dich nicht besser, als du mich kennst.

Hier in deinem Spitalzimmer sind wir wie zwei Fremde, die nicht die gleiche Sprache sprechen – im übrigen sprechen wir sehr wenig – und einander nicht trauen.

Aber glaub mir – nur um die falschen Vorstellungen, die ich mir vielleicht von dir gemacht habe, auszulöschen, um in dein wahres Wesen einzudringen und dich zu lieben – nur darum beobachte ich dich, darum suche ich diese Erinnerungsfetzen zusammen und denke darüber nach.

Du hast deinen Siegestag erlebt, und ich bin nicht einmal imstande, annähernd sein Datum zu bestimmen.

Als ich zwanzig Jahre alt war, warst du ungefähr vierzig, und die Idee, daß du noch einen Mann lieben könntest, schien mir beinahe unanständig. In meinen Augen hattest du dein Leben hinter dir, du hattest begonnen, eine alte Frau zu sein.

Übrigens ist dieses Gefühl nicht mir allein eigentümlich. Ich lese das gleiche Erstaunen im Blick meiner Söhne und meiner Tochter. Im Haus nebenan, in der ganzen Stadt dürfte es sich genau so verhalten.

Für mich warst du eine Witwe. Du hattest das Leben gelebt, das dir vom Schicksal bestimmt war, und es waren keine Veränderungen mehr zu erwarten.

Und doch gab es noch eine Veränderung, eine sehr wichtige sogar, weil sie deine Mädchen- und Frauenträume endlich in Erfüllung gehen ließ.

Ich weiß nicht mehr, wo ich gerade war, als ich es erfuhr. In Frankreich, in Afrika, in den Vereinigten Staaten? Jedenfalls erhielt ich einen Brief von dir, in dem du mir in deiner spitzen, nervösen Handschrift mitteiltest, daß du dich wieder verheiratet hättest.

Ich gestehe, daß mich das im ersten Moment schockierte. Ich hatte mir eine solche

Verehrung für meinen Vater bewahrt, daß ich gar nicht an die Möglichkeit dachte, du könntest einen Ersatz für ihn suchen. Doch als ich die Einzelheiten las, verstand ich alles. Du hattest dich mit einem pensionierten Zugführer der Belgischen Eisenbahnen vermählt – so wie Monsieur Reculé ein pensionierter Bürochef der gleichen Linie gewesen war.

Jetzt würdest du endlich eine Pension beziehen! Jetzt waren deine »alten Tage« endlich gesichert, was immer geschehen mochte!

In der Folge bekam ich Photographien und Ansichtskarten. Du warst so gut wie nie aus dem Quartier Outremeuse herausgekommen, aber jetzt reistest du nach Lourdes, nach Nizza, nach Ostende, und so weiter, und zwar *gratis*, denn dein neuer Ehemann hatte Anspruch auf soundso viele Kilometer jährlich, ohne etwas dafür zu berappen!

Du schicktest mir auch ein Bild von ihm. Er war ein hagerer, knorriger Mann aus den Ardennen, mit harten Zügen und ausdruckslosem Blick.

Ich bin ihm nur einmal begegnet, als ich wieder einmal nach Liège kam. Damals herrschte bei euch im Haus noch halbwegs Friede. Keiner von euch erzählte mir, wo ihr euch kennengelernt hattet; du sagtest mir nur, du hättest seine kranke Frau bis zu ihrem letzten Atemzug gewartet und gepflegt.

Er war nicht aus unserer Nachbarschaft. Er wohnte sogar in einem ganz anderen Stadtviertel, am entgegengesetzten Ende von Liège.

Wie bei Désiré fragte ich mich:

»Wo? Wie?«

Aber solche Fragen stellt man seiner Mutter nicht.

»Wie geht's, Valérie?«

Sie war einen so langen Weg gemeinsam mit dir gegangen, und ihr hattet so viele eurer heimlichsten Gedanken ausgetauscht. Jetzt sagtest du trocken:

»Wir verkehren nicht mehr miteinander.«

Und du fügtest mit gezwungenem Lachen hinzu:

»Stell dir vor, sie ist eifersüchtig, daß ich wieder geheiratet habe!«

Obwohl du Vater durch einen anderen Mann ersetzt hattest, behieltest du sonderbarerweise seinen Namen bei. Der Familienname deines neuen Gatten war André. Auf deinen Briefen und sogar auf amtlichen Dokumenten, die ich in die Hand bekam, unterschriebst du dich: Madame André Simenon.

Das hat mir wehgetan. In meinen Augen war das ein Vertrauensbruch. Ein anderer Mann hatte Vaters Platz in deinem Haus, in deinem Bett eingenommen, aber du legtest Wert darauf, weiterhin den Namen deines ersten Mannes zu führen.

War es, weil ich schon berühmt war? Schien dir der Name so etwas wie ein Talisman zu sein?

Ich habe es geglaubt und sogar gedacht, daß du dir im tiefsten Inneren auch noch den Kult des großen Désiré bewahrt hattest, daß dir daran lag, noch irgendwie mit ihm verbunden zu bleiben.

In deinem Spitalzimmer mußte ich nüchtern werden.

Glaub nicht, Mutter, daß ich es dir übelnehme oder daß ich dich verurteile. Ich verurteile niemanden. Wenn die Menschen seit undenklichen Zeiten einander gegenseitig umbringen – liegt es nicht daran, daß wir unseren Nächsten nicht verstehen, die Angehörigen des nächsten Stammes nicht verstehen?

Du warst jetzt Madame André, die Frau eines Beamten, der Anrecht auf eine Pension für sich und später für seine Witwe hatte. Trotzdem legtest du Wert darauf, Madame Simenon zu bleiben.

Ich habe ihn nur einmal gesehen, diesen Mann, den du Père André nanntest. Er schien mir weder unsympathisch, noch überspannt, noch von Komplexen gequält.

Er erklärte mir nur, daß der Beruf eines Zugführers einer der anstrengendsten und schwierigsten der Welt sei, daß das unaufhörliche Rütteln eine ständige Bedrohung für den Organismus bilde und daß seine einzige Zerstreuung darin bestünde, täglich im Garten eines winzigen Häuschens, das ihm gehörte, zu arbeiten. In diesem Häuschen auf dem Hügel hatte er mit seiner ersten Frau zwanzig Jahre lang gelebt, mit derselben Frau, Mutter, die du während ihrer Krankheit so gut gepflegt hast.

Wenn ich dich jetzt ansehe und deine ganze Vergangenheit bedenke, wundere ich mich ein bißchen über deine Gelassenheit.

Es dauerte nicht lange, bis ihr einander zu verdächtigen anfingt, der Père André und du. Er beschuldigte dich, nur auf seinen Tod zu warten, um seine Pension für dich allein zu beziehen. Gott weiß, ob er dich nicht auch beschuldigte, den Tod seiner ersten Frau beschleunigt zu haben.

In dem Haus in der Rue de l'Enseignement, wo es keine Mieter mehr gab, standet ihr einander allein gegenüber, zwei Fremde, wenn nicht gar zwei Feinde. Niemand hat die Worte, die ihr miteinander gewechselt habt, aufgezeichnet. Sie müssen furchtbar gewesen sein und den tiefsten Haß ausgedrückt haben, denn eines Tages habt ihr beschlossen, nicht mehr miteinander zu sprechen, sondern euch flüchtig hingekritzelter Zettel zu bedienen, wenn ihr einander etwas mitzuteilen hattet.

Ich übertreibe nicht, wenn ich von Haß spreche. Gewiß, ich war nicht dabei. Aber wenn es mit einem Mann und einer Frau, die durch das Band der Ehe vereint zusammenleben, so weit kommt, daß jeder sich allein sein Essen kocht, seine eigene, streng verschlossene Speisekammer besitzt und wartet, bis der andere die Küche verlassen hat, um seine Mahlzeit zu sich zu nehmen – wie soll man das nennen?

Jeder hatte Angst, daß der andere ihn vergiften könnte. Das war zu einer fixen Idee geworden. Vielleicht war es krankhaft?

Unwillkürlich muß ich an deine Schwester denken, an die Droschke, die sie wegführte, an den Mann, der schluchzend an der Hausmauer lehnte.

Und so habt ihr tatsächlich einige Jahre lang gelebt. Du gingst für dich einkaufen, er für sich. Du kochtest dir dein Essen. Er wartete, bis du es verspeist hättest, um seinerseits zu kochen und zu essen.

Aber die übrige Zeit? Ihr konntet euch doch nicht schweigend in der Küche oder im Salon gegenübersitzen? Er ging in sein Gärtchen auf dem Hügel und du wahrscheinlich zu irgendeiner Nachbarin, auf eine Tasse Kaffee. Immerhin hattest du gesiegt. Du hattest die Pension errungen, von der du dein Lebtag geträumt hattest. Dieses Geldes hast du dich nicht geschämt, sonst hättest du mir nicht eines schönen Tages voller Stolz zurückgezahlt, was ich dir lange Jahre hindurch geschickt hatte.

Der Père André starb. Er brach eines Tages plötzlich zusammen, wie seinerzeit mein Vater.

Ich möchte so vieles wissen, wissen, was du in diesem Augenblick denkst, welche Bilder dir durch den Kopf ziehen. Manchmal scheinst du selig zu schlummern, dann huscht wieder ein beinahe spöttisches Lächeln um deine Lippen.

Über wen machst du dich lustig? Über Désiré? Über den Père André? Über uns alle, die wir starr und stumm um dich herumsitzen, und über die Nonne, die unerschütterlich ihren Rosenkranz abhaspelt?

Vielleicht über das Leben selbst, das man wohl in einer anderen Perspektive sieht, wenn man dabei ist, es zu verlassen.

Ein großer Hof, von vielen verschiedenen Gebäuden umgeben, wo die Kranken in ihrer Spitalstracht auf den Bänken sitzen, sobald die Sonne zu wärmen beginnt. Es ist mir schon zur Gewohnheit geworden, ihn gegen zehn Uhr vormittag zu durchqueren. Man muß den Schwestern Zeit lassen, dich zu waschen und zu pflegen. Auch das Zimmer muß ausgekehrt und in Ordnung gebracht werden.

Zu dieser Stunde ist manchmal niemand bei dir als die Dauernonne. Ich rede, als wäre es immer dieselbe. Das ist zweifellos nicht der Fall, aber das Ordenskleid, die Reglosigkeit, der bleiche Teint machen, daß ich sie nicht auseinanderhalte.

»Wie geht's dir, Georges?«

Du lächelst mir zu.

Hast du schon auf mich gewartet? Freut es dich, daß ich zweimal täglich komme? Oder wärst du lieber allein mit den entfernten Verwandten, den Nachbarn und den Unbekannten, die gleich wieder herbeiströmen werden? Ich weiß es nicht. Jedenfalls hast du nie das Bedürfnis, mir etwas zu sagen, mir etwas Persönliches mitzuteilen.

Gestern ging ich mit Teresa in die Kapelle, wo ich als Kind so oft ministrierte. Ich wollte wissen, ob meine Erinnerungen mich nicht täuschten, ob sie wirklich schön ist. Sie wurde vor mehreren hundert Jahren von einem gewissen Ernst von Bayern errichtet. Wer war das? Ein Graf, Herzog, Fürst oder Kaiser? Einerlei. In Liège haben so viele fremde Herrscher regiert.

Was der Kapelle ihren eigentümlichen Anstrich verleiht, ist der Umstand, daß sie auf zwei verschiedenen Ebenen erbaut ist. Unten sitzen die Kranken. Eine Treppe von zwölf Stufen, mit einem roten Teppich bedeckt, führt in das höhere Stockwerk, wo sich der Gemeinde gegenüber der Hochaltar erhebt und eine Galerie auf jeder Seite für die Nonnen bestimmt ist.

Sonntags gab es zwei Messen; die eine um sechs Uhr früh, die andere, ein feierliches Hochamt, um acht. Dazwischen führte man mich in ein Eßzimmer, wo ich zwei weiche Eier, Butterbrot und Milchkaffee bekam.

Ich erinnere mich vor allem an den Geruch. Nicht nur an den dumpfen Geruch des Zimmers, den ich später auch in anderen Klöstern wiederfand, sondern an den Geruch und sogar den Geschmack der Butterbrote, der Eier und des Milchkaffees.

Ich fragte eine vorbeigehende Nonne, ob die alte Schwester Sakristanin noch am Leben wäre, und man ging sie holen. Sie ist jetzt eine uralte Frau, die nicht mehr gut hört, nicht mehr gut sieht und, wie ich glaube, auch nicht mehr gut versteht.

Natürlich erkannte sie mich nicht. Ich wollte eine Erinnerung überprüfen. An Sonn- und Feiertagen trug ich ein Chorhemd aus feinen Spitzen, das man vorsichtig entfaltete und mir mit großer Sorgsamkeit anlegte.

Existierte es nur in meiner Einbildung? Es gelang mir schließlich, meinen Wunsch der Schwester Sakristanin begreiflich zu machen, die mir seinerzeit die Chorhemden anlegte und sie versorgte. Sie öffnete allerlei Schubladen und holte Holzkästchen hervor, in denen die kostbaren Gewänder ruhten.

Ich erzählte ihr von der Zeit, da ich als Chorknabe selbst diese Gewänder trug, doch meine Worte weckten keinen Widerhall in ihr.

Manchmal durchquerte ich die Höfe, dem Anstaltspfarrer feierlich ein paar Schritt vorausschreitend. Ich trug einen hohen schwarzen Stab mit einem silbernen Kreuz an der Spitze aufrecht vor mir her und in der anderen Hand ein Glöckchen, dessen Bedeutung alle Kranken, an denen wir vorbeikamen, kannten.

Wir gingen, um einem von ihnen, der den anderen ein Stück voraus war, die letzte Ölung zu bringen. In jedem Krankensaal standen mindestens zwanzig Betten. Die Patienten, die darin lagen, richteten sich auf einem Ellbogen auf und bekreuzigten sich.

Diese Momente mochte ich am wenigsten leiden, da fühlte ich mich immer bedrückt.

Der Tod selbst hingegen machte mir keinen besonderen Eindruck. Zwei oder drei Mal in der Woche gab es nach dem Gottesdienst eine Totenmesse, also Beerdigungen. Während ich für meinen täglichen Dienst als Chorknabe nur zwei Francs im Monat bekam, wurden mir für jede Totenmesse fünfzig Centimes bezahlt, denn das war Sache der Stadtgemeinde. Und manchmal gab es an einem Vormittag zwei Totenmessen hintereinander ...

Teresa und ich gingen mittags in die Stadt essen, aber wir waren kein einziges Mal in einem großen Restaurant. Wir besuchten die kleinen Lokale, die man hier *fritures* nennt, und unser Menu war fast täglich das gleiche: Muscheln und Pommes frites, manchmal auch Aal.

Das hielt mich nicht davon ab, an dich zu denken. Ich fragte mich immer, ob das Ereignis, auf das wir alle warteten, nicht gerade während meiner Abwesenheit eingetreten wäre, und beeilte mich, ins Spital zurückzukehren.

Nach dem Erlebnis mit dem Schrank, der auf dich stürzte, als du deine Goldstücke hervorholtest, bliebst du damals noch zwei oder drei Wochen in Epalinges. Ich zögerte, dich nach Belgien zurückfahren zu lassen, denn deine Gesundheit ließ zu wünschen übrig. Es machte mir Sorge, dich in deinem kleinen Haus allein zu wissen. Meinen Vorschlag, eine Hausgenossin für dich zu engagieren, lehntest du starrsinnig ab. Wenn das Wort »starrsinnig« auf irgendeinen Menschen paßt, dann auf dich. Jahrelang versuchte ich, dir ein Badezimmer einrichten zu lassen, du ließest die Installateure nicht ins Haus. Ich wollte dir auch einen Fernsehapparat schenken; ich mußte dich zwei Jahre lang bestürmen, bis es mir gelang.

Dann hast du ihn allerdings sehr genossen. Die meisten von deinen Nachbarn und Nachbarinnen hatten noch keinen, und so kam fast jeden Abend die halbe Straße bei dir zusammen.

Trotzdem hatte ich Angst wegen deines einsamen Daseins. Eines Nachmittags fielst du auf dem Trottoir hin und konntest nicht allein aufstehen. Du lagst da, bis ein Polizist, der zufällig vorbeikam, dir aufstehen half. Du hattest dir die Knie oder die Ellbogen, ich weiß nicht mehr was, blutig geschlagen, und er wollte dich ins Spital bringen. Du sagtest ihm mit deinem halb wallonischen, halb flämischen Akzent:

»Aber nein, *nein*, Monsieur, mir fehlt gar nichts. Wir sind beinahe vor meinem Haus. Bringen Sie mich nur hin, und ich werde eine ordentliche Flasche Wein aufmachen.«

Der Polizist hatte nicht mehr Erfolg als ich. Es gelang ihm nicht, dich zu einer ärztlichen Untersuchung zu bewegen, nicht einmal durch einen Arzt aus eurer Nachbarschaft. Es blieb ihm nichts übrig, als dich nach Hause zu begleiten und den Wein, den du ihm einschenktest, zu trinken.

Du siehst, das Wort »starrsinnig« scheint eigens für dich erfunden zu sein.

Aber wenn du eines Tages nicht imstande gewesen wärst, dein Bett zu verlassen? Wenn es dir nicht möglich gewesen wäre, bis zur Rue Puits-en-Sock zu gehen, um dir etwas zu essen zu kaufen?

Ich wollte dich also nicht zurückfahren lassen. Ich besprach die Sache mit meinem Arzt in Epalinges, der dich mehrmals besucht hatte. Er sagte, es würde nichts nützen, dich gegen deinen Willen zu etwas zu zwingen, ganz im Gegenteil.

Mein Wunsch war, dich in einem privaten Altersheim zwischen Genf und Montreux, also in meiner nächsten Nähe unterzubringen. Diese *maisons de retraite* ähneln in keiner Weise den gewöhnlichen Greisenasylen, sie haben nichts Trauriges oder Düsteres an sich, sondern erinnern viel eher an Luxushotels.

Aber du wolltest keinen Luxus, du wolltest kein Altersheim. Was du wolltest, und zwar sehr hartnäckig wolltest, das war *dein* Haus, das du dir nach all der vielen Arbeit hattest erwerben können und das endlich dir allein gehörte.

Ich bin überzeugt, daß deine Nachbarn in der Rue de l'Enseignement mich für einen »schlechten Sohn« halten, der sich nicht um dich gekümmert, der dich vielleicht im Elend zurückgelassen hat.

Es brauchte einen Brief einer Kusine von mir, die fast so alt war wie du und dich noch manchmal besuchte, damit ich endlich meine Autorität unter Beweis stellte und gegen deinen Willen handelte.

Du hattest einige Tage lang dein Haus nicht verlassen. Im Kühlschrank verschimmelten ein paar Lebensmittel, ein bißchen Fleisch, ein Stückchen Torte, das war deine Nahrung.

Um nicht nachzugeben, verstehst du? Aber ich verstand es ja auch. Mein Arzt hatte gesagt:

»Sie beschleunigen ihr Ende, wenn Sie sie entwurzeln.«

Andererseits konnte ich doch nicht zulassen, daß du dich von verdorbenen Lebensmitteln ernährtest. Ich konnte nicht riskieren, zu warten, bis irgendein besorgter Nachbar eines Tages deine Tür aufbrechen ließe, um festzustellen, daß du seit zwei Wochen tot wärest!

Ich begann mich umzusehen und entdeckte in der Nähe von Liège ein sehr schönes Landhaus, mitten im Grünen, mit einem riesigen Garten. Dort hausten Nonnen, die einige wenige Pensionäre aufnahmen, und ich konnte mich überzeugen, daß diese die beste Pflege genossen.

Ich ließ eine Wand durchbrechen, um dir neben deinem Schlafzimmer einen eigenen kleinen Salon einzurichten. Ich ließ dir auch ein Badezimmer installieren. So hattest du deine eigene Wohnung, dein eigenes Heim, wo du ganz selbständig warst.

Dorthin brachte ich dich. Du hast deutlicher denn je dein halb spöttisches, halb resigniertes Lächeln zur Schau getragen. Du mußtest dich fügen, aber du hast es nicht gern getan. Nach ein paar Tagen in dieser freundlichen, komfortablen Umgebung hast du darauf bestanden, daß man dich in dein Häuschen zurückbrächte.

»Aber, Schwester, wenn die Leute meine Abwesenheit ausnützen und mich bestehlen!«

Du warst fast neunzig Jahre alt und hattest Angst, bestohlen zu werden. Was hätte man dir stehlen sollen? Deine Möbel? Die uralte Hauswäsche? Die paar Souvenirs, die du von deinen Reisen mit deinem zweiten Mann heimgebracht hattest, eine Muschel aus Ostende, ein Figürchen der Muttergottes von Lourdes?

Zweimal mußte man dich nach Liège begleiten, damit du dein Haus aufsuchen und dich überzeugen könntest, daß alles in Ordnung und die Türen fest verschlossen wären. Dann mußte man dich eines schönen Tages zu einer Operation ins Hôpital de Bavière bringen.

Es war nicht diese Operation. Ich habe dich auch damals besucht. Du hattest den chirurgischen Eingriff erstaunlich gut überstanden und durftest schon wieder im Zimmer herumgehen.

Mein Freund Orban konnte es nicht fassen.

»Normalerweise hätte es das Ende bedeutet. Jetzt hat sie einen neuen Vertrag mit dem Leben abgeschlossen, mindestens auf ein paar Monate.«

Wie triumphierend, wie herausfordernd leuchteten deine graublauen Augen!

Ein merkwürdiges Phänomen. Im allgemeinen bin ich sehr empfindlich gegen das Wetter. Eine sonnenbeschienene Straße, ein düsterer Wolkenhimmel, die Bise, ein warmes Lüftchen – das alles pflege ich genau zu registrieren. Von der Zeit hingegen, die ich in Liège verbrachte – und ich weiß nicht einmal, waren es sechs oder acht oder zehn Tage oder noch mehr – bleibt mir nichts in Erinnerung als ein gleichmäßiges Grau, wie eine Bleistiftzeichnung auf weißem Papier.

Eines Morgens, als wir bis auf die unvermeidliche Nonne allein waren, hast du mich gefragt:

»Was wirst du mit dem Haus machen?«

Seit ich in dem Zimmer sitze, in dem du langsam stirbst, hast du zum erstenmal eine verblümte Anspielung auf deinen Tod gemacht. In meiner Kindheit und später in meiner Jugendzeit hast du oft davon gesprochen – mit einer gewissen Genugtuung, möchte ich sagen.

»Wenn ich erst tot bin, Kinder ...«

Oder:

»Wenn ich einmal nicht mehr da bin, wirst du einsehen ...«

Aber das ist jetzt über fünfzig Jahre her. Jetzt da der Tod sozusagen schon in deinem Zimmer herumschleicht, redest du mit keinem Wort davon. Du scheinst keine Angst vor ihm zu haben. Ich glaube, daß du ihm ins Gesicht siehst und manchmal sogar etwas ungeduldig wirst, weil er sich so viel Zeit läßt.

»Was wirst du mit dem Haus machen?«

Ich antworte, was ich dir schon früher gesagt habe:

»Das werde ich, wie es ist, meinem Neffen überlassen.«

»Mit den Möbeln, der Wäsche und allem, was drin ist?«

»Ja, alles.«

Das habe ich meinem Bruder vor langer Zeit versprochen. Er starb ungefähr im gleichen Alter wie unser Vater, mit vierzig, fünfundvierzig Jahren und ließ eine Frau und einen bereits großjährigen Sohn zurück. Beide verdienen sich ihren Lebensunterhalt, aber es kommt für mich gar nicht in Frage, meinen Teil der mütterlichen Erbschaft anzunehmen.

Bei einem meiner seltenen Besuche in Liège sahst du mich einmal lange und eindringlich an und sagtest etwas, was ich nie mehr vergessen konnte:

»Wie traurig, Georges, daß gerade Christian sterben mußte.«

Hieß das nicht, daß nach deinem Sinn, deinem Gefühl, lieber ich als erster hätte dahingehen sollen?

Du fügtest noch hinzu:

»Er war so zärtlich, so liebevoll . . .«

Offenbar war ich das nicht oder zeigte es nicht.

Das Haus, das Haus! Dein eigenes Haus! Ziegel, Fenster, Balken, die dir allein gehörten! Du warst über achtzig Jahre alt, als meine Kusine Maria, deine letzte überlebende Verwandte, die etwa so alt war wie du und mir noch hin und wieder schrieb, mir mitteilte, sie hätte dich angetroffen, wie du auf einer Leiter standest und die Korridorwände maltest. Du hast auch die Hofmauern angestrichen.

Dein Haus war kein gewöhnliches Haus. Es war ein Symbol. Das Symbol für den endgültigen Erfolg des kleinen Mädchens aus der Rue Féronstrée, das Symbol für den Sieg deines eisernen Willens.

Die Einwohner des Quartiers Outremeuse sind, was ich kleine Leute nenne, weil mir kein besserer Ausdruck einfällt. Seine Hauptverkehrsader ist die enge, menschenwimmelnde Rue Puits-en-Sock mit der lärmend klingelnden Straßenbahn, die sich zwischen den Läden hindurchschlängelt.

Das ist das Outremeuse der Simenons. Du hast selten einen Fuß in die verglaste Küche gesetzt, du kanntest kaum meine Onkel und Tanten samt ihren Kindern. Ich weiß nicht einmal, wie viele Vettern und Basen von dieser Seite ich besaß. Vielleicht dreißig? Das dürfte nicht übertrieben sein, und alle holten sich am Sonntagvormittag ihr Fünf-Centimes-Stück.

Der Kirchturm von Saint-Nicolas war kaum fünfzig Meter entfernt. Bevor ich mit neunzehneinhalb Jahren fortzog, hatte ich in zwei oder drei verschiedenen Häusern gewohnt, und alle standen, wie *dein* Haus auch, im Schatten des Kirchturms von Saint-Nicolas.

Wir zogen immer um, weil entweder der Mietvertrag ablief oder weil du ein etwas geräumigeres Haus gefunden hattest. Die Möbel kamen wieder genau an ihren Platz, denn alle Häuser des Viertels sind mehr oder weniger nach dem gleichen Modell gebaut.

Darin wohnen kleine Rentner, Angestellte, Werkmeister, Witwen, die eine Pension beziehen, eben was ich die kleinen Leute nenne, und ich betrachte mich noch heute als zu ihnen gehörig.

Dein Haus war das letzte, ein paar Schritt von jenem entfernt, in dem wir vor meiner Abreise nach Paris wohnten. Ich habe nie darin geschlafen, sondern mich stets nur auf der Durchreise zwei, drei Stunden lang dort aufgehalten.

Bei meinen letzten Besuchen war ich ganz verwirrt. Ich hatte zum Beispiel von jeher ein und dasselbe Eßzimmer gekannt, mehr oder weniger im Renaissancestil, geschnitzte Löwenköpfe an den vier Tischecken, bunte Glasscheiben im Buffet und die Stuhlsitze aus imitiertem Leder.

Eines schönen Tages begegnete ich dort zwei Eßzimmern, zwei beinahe identischen Tischen, zwei Buffets mit bunten Scheiben, ganz zu schweigen von mir unbekannten Fauteuils.

Das sonderbarste, ich wage nicht zu sagen, das amüsanteste, war, daß du dich selber nicht damit auskanntest. In deinem Haus standen jetzt nämlich die Möbel, die Vater und du euch vor so langer Zeit bei eurer Heirat gekauft hattet, und außerdem die fast gleichartigen Möbel des Père André. Du hast dich ständig vertan. Du sagtest zum Beispiel:

»Schau, Georges, das ist der Tisch, an dem du *Au pont des Arches* geschrieben hast!«

Es war aber nicht der Tisch, sondern ein anderer, den ich nie gesehen, der zu einem anderen, mir unbekannten Haushalt gehört hatte.

Übrigens konntest du mir nicht sagen, wohin jener andere Tisch aus schön poliertem, spiegelndem Mahagoni, wie ich es so gern habe, gekommen wäre. Du hast mir geschworen, es wäre doch *dieser* Tisch, aber ich wußte schon, daß du ihn meiner Kusine Maria, der letzten Verwandten, die dir geblieben war, gegeben hattest.

Denn da zwischen dir, dem kleinen Spätling, und deinen Geschwistern ein so großer Altersunterschied bestand, bliebst du allein von der ganzen Familie zurück, und die einzige, die außer dir die anderen überlebte, war keine Schwester von dir, sondern eine beinahe gleichaltrige Nichte, die wie du eine Nachzüglerin war.

Als ihr Gesundheitszustand ihr nicht mehr gestattete, dich zu besuchen, hörte ich, abgesehen von den Briefen, die du mir selbst in großen Zeitabständen schriebst, nicht mehr viel von dir. Aber du fingst an, die Daten, ja ganze Lebensabschnitte durcheinanderzubringen, so daß du manchmal vom Père André als meinem Vater sprachst.

Bringst du hier in deinem Spitalbett auch noch Menschen und Daten durcheinander? Ich bezweifle es. Dein Blick ist überraschend klar. Allerdings sprichst du wenig, aber das war von jeher der Fall, wenn du von Besuchern umgeben warst.

Aber was du willst, was du beschlossen hast, das willst du noch immer.

»Hör zu, Georges. Du weißt, daß ich den Grabstein, den du dem Vater gesetzt hast, nie leiden konnte.«

Eine große, unbearbeitete Granitplatte nur mit Namen und Datum. Ich hatte immer einen Abscheu vor prunkvollen Grabmälern, Marmorsäulen, eingelassenen Photographien und so fort.

»Übrigens beginnt er einzusinken.«

Meinerseits ist es nicht Gleichgültigkeit, im Gegenteil. Ich hatte für den großen Désiré eine beinahe religiöse Verehrung und habe sie mir bewahrt, aber um sein Grab habe ich mich nie viel gekümmert. Ich bin nie hingegangen, um mich zu sammeln. Es genügt mir, an ihn zu denken, um ihm nahe zu sein.

Und dann, Mutter, sagtest du, ohne die Ungeheuerlichkeit deiner Worte zu erfassen:

»Ich möchte lieber in der Gruft vom Père André und seiner Frau begraben werden.«

Ich war wie betäubt. Du hast mit den Jahren tatsächlich die beiden Männer durcheinandergebracht, die dein Leben teilten. Hast du meinen Vater wirklich geliebt? Heute zweifle ich daran. Die Zukunftspläne, die du von Anfang deiner Ehe an machtest, galten nicht euch beiden, sondern dir allein.

Du dachtest schon an dein Haus und legtest Geld beiseite, von dem du ihm nichts sagtest. Es war dein Geld, das ist richtig, das Geld, das du dir mit der Arbeit für deine Mieter verdientest. Trotzdem blieb es sozusagen ein persönlicher Geheimschatz, was meinem Gefühl nach mit Liebe unvereinbar ist.

Es stimmt, daß du den Père André ebensowenig geliebt hast. Nebenbei gesagt, frage ich mich, warum du ihn Père André nanntest? Er war überhaupt kein Vater, er hatte niemals Kinder gehabt und auch niemals irgendeiner religiösen Gemeinschaft angehört.

Mein Vater war Désiré.

Das Haus in der Rue de la Loi: Im Erdgeschoß gab es außer der Küche mit der Glastür am Ende des Korridors zwei Zimmer. Beide waren vollgestopft mit Eßzimmermöbeln und alten Fauteuils. An den Wänden hingen Photographien von Christian, von mir, vom Père André, seiner Frau und meinem Vater.

Zwei Familien waren an der Wand verwechselt, zwei Einrichtungen, in denen du dich selber nicht mehr zurechtfandest. Du teiltest einem jungen Paar zu, was in Wirklichkeit einem alten Pensionär gehörte.

Das hat mich immer beunruhigt. Ich frage mich sogar, ob es mich nicht noch heute beunruhigt.

Ich war zweimal verheiratet. Ich lebe mit einer dritten Frau. Aber es würde mir nie einfallen, meine Erinnerungen durcheinanderzubringen.

Meine Kinder kennen die Herkunft von jedem Möbelstück, jedem Gegenstand, jedem Bild.

Ich glaube bloß, daß es sie gar nicht interessiert.

Du siehst, daß ich dir nichts vorzuwerfen habe, Mutter, und daß ich dir nichts vorwerfe. Du bist deinen Weg gegangen und hast dein Ziel mit einer ganz seltenen, wenn nicht einmaligen Treue verfolgt.

Du hast es erreicht. Daher kommt es wohl, daß hier in deinem Spitalbett dein Blick so heiter und gelassen ist und daß manchmal ein Funke Ironie darin aufblitzt.

Ordinär gesagt:

»Du hast sie alle drangekriegt!«

M*eine liebe kleine Mama* – du siehst, daß ich fast dieselben Worte wie am Anfang dieses Briefes gebrauche, wahrscheinlich weil ich auch bewegt bin.

Eines Abends, als ich schon ausgekleidet war und gerade zu Bett gehen wollte, rief man mich vom Spital an, um mir zu sagen, daß du gestorben wärest. Ich hatte das Ereignis von Minute zu Minute erwartet, aber als es wirklich eintraf, war es doch ein heftiger Schock.

Ich zog mich rasch wieder an und eilte ins Spital, in das kleine Zimmer, an das ich mich gewöhnt hatte; ich hatte beinahe vergessen, daß es ein Provisorium war.

Du lagst mit heiterem Gesicht da. Es war von einer heiteren Gelassenheit, die es im Leben nicht gibt.

Ich küßte dich auf die Stirn, wie ich auch den Vater geküßt hatte, und setzte mich an dein Bett. Die Nonne war noch immer da, so unbeweglich, als wäre nichts geschehen. Ich fragte sie, ob du gelitten hättest, und sie sagte nein.

Unwillkürlich spann ich meine Gedanken weiter. Diese Woche, die wir, fast ohne zu sprechen, miteinander verbracht hatten, fehlte mir irgendwie. Es war, als sei sie nicht abgeschlossen, als wäre der Kontakt nicht völlig hergestellt gewesen.

Ich wollte dich aber nicht fortlassen, ohne dich gekannt, ohne dich begriffen zu haben. In deinen Augen lag jetzt kein Ausdruck mehr, sondern eine außerirdische Starrheit. Deine Lippen hatten ein für allemal einen rätselhaften Zug angenommen, den ich nicht zu definieren vermochte. Ironie?

Beruhigung? Ich weiß es nicht. Ich würde es lieber Beruhigung nennen.

Man hatte dich zurechtgemacht. Du warst schön. Du warst königlich, kaiserlich, wie du dort auf deinem schmalen Bett lagst, und wir waren vor dir nur Menschen mit all ihrem Zaudern und Zögern, mit ihren kleinen Problemen und ihren Ängsten.

Du warst über all das hinaus. In deiner reglosen Starrheit hast du uns beherrscht.

Ich fuhr fort, zu denken. Ich bemühte mich weiter, dich zu verstehen. Und ich begriff, daß du dein ganzes Leben lang gut warst.

Nicht unbedingt gut gegen die anderen, aber gut gegen dich selber, gut in deinem tiefsten Inneren. Du hast gekämpft, um das Ziel zu erreichen, welches das fünfjährige kleine Mädchen sich gesetzt hatte. Du hast die Zähne zusammengebissen. Aber du hattest das Bedürfnis, du hattest von jeher das

Bedürfnis gehabt, dich als gut zu empfinden, und darum, Mutter, hast du dein Leben damit verbracht, dich aufzuopfern. Du hast dich für den erstbesten Menschen, der dir gerade begegnete, aufgeopfert, für die Ehen, die zu wanken begannen, für die Einsamen, für alles, hätte ich fast gesagt, was draußen auf der Straße passierte.

In deinem Herzen war ein unerschöpflicher Schatz von Mitgefühl und Geduld für alle. Es gab nichts, was dich abstieß. Im Gegenteil, je schwieriger die Aufgabe war, desto fester hast du dich daran geklammert.

Ist es da erstaunlich, daß du dich nicht mit denen in deinem Umkreis abgabst, die du als die Glücklichen dieser Welt ansahst?

Das waren wir. Du sahst uns entweder nicht oder du reihtest uns in die Kategorie jener ein, die alles erreicht und erhalten hatten.

Du kamst von ganz unten. Du gehörtest

zu denen, die nichts mitbekommen hatten, für die jede kleine Freude eine Eroberung bedeutete, die man mit Gewalt an sich reißen mußte.

Du kämpftest immer weiter. Deine Aufgabe war nicht vollendet. Du hast dich mit deinen Mietern geplagt, bis wir in die höhere Schule kamen. Damit war in deinen Augen unsere Zukunft gesichert.

Aber nicht die deine und auch nicht die Zukunft der anderen Leute, die dir begegneten, wenn du in deinem Quartier einkaufen gingst.

Unter uns, uns gegenüber war es nicht Güte, sondern Mutterliebe.

Aber es mußte Güte sein, und nicht nur Güte um der anderen willen. Du hast weder Danksagungen noch Dankbarkeit erwartet. Aber es war notwendig, es war unerläßlich, daß du dich selber als gut empfandest.

Und ich glaube, was ich nach acht Tagen

in deinem Sterbezimmer schließlich entdeckte:

Du hattest, wie dein Vater, wie die meisten deiner Geschwister, von Geburt an die Veranlagung zu einer gewissen Schwäche, heute würde man sagen zur Neurose. Ihr wart alle von krankhafter Empfindlichkeit. Manche versuchten sich vergebens mit Hilfe von Alkohol davor zu schützen.

Die kleine Letzte, die diesen Kampf einer ganzen Familie, diesen fortschreitenden Verfall der einen und der anderen mitangesehen hatte, beschloß in ihrer frühesten Jugend, sich durch eigene Kraft zu retten.

Das war die kleine Verkäuferin der *Innovation* mit ihrem duftigen, fast weißlichen Haar. Das war die Vertraute von Valérie. Das war das junge Mädchen, das den stattlichen Gang von Désiré bewunderte und später den eleganten Schwung, mit dem er den Hut zog.

Als du schließlich eine Ehefrau mit einem plärrenden Kind warst, hast du erkannt, daß das nicht genügte. Du hast ein Haus gemietet und Mieter aufgenommen. Du hast dich zu einem wahren Sklavenleben verdammt.

Bis zum Tode Désirés. Wie viele Jahre später hast du wieder geheiratet? Ich weiß es nicht. Du rücktest deinem Ziel näher, der Sicherheit, der famosen Pension.

Wie könnte ich es dir verdenken? Ich weiß, daß du im Krieg deine Goldmünzen unter der Kohle versteckt hast. Man hätte meinen können, es wäre der reine Geiz, doch zur gleichen Zeit hast du jene Säckchen für meine Kinder gehäkelt, für jedes eines.

Ich schickte dir Geld, damit du auskömmlich zu leben hattest. Dann kam der Tag, an dem du mir alles zurückzahlen konntest.

Siehst du, Mutter, du bist eines der kompliziertesten Wesen, denen ich je begegnet bin. Wenn ich an dich dachte, erinnerte ich mich oft an die Droschke, die deine Schwester holen kam. Zwischen uns beiden war nur ein dünner Faden.

Dieser Faden war dein leidenschaftlicher Wille, gut zu sein: gegen die anderen, aber vielleicht vor allem gegen dich selber.

Georges Simenon, geboren am 13. Februar 1903 in Liège in Belgien, war ein manischer Schreiber. Den ersten seiner zahlreichen Romane, *Le roman d'une dactylo*, schrieb er an einem Vormittag im Sommer 1924 auf einer Café-Terrasse. Während Monaten wohnte er auf seinem Boot, mit dem er bis nach Lappland fuhr, Reiseberichte und erste Maigret-Romane verfassend. Ständige Ortswechsel und seine Schaffenswut bestimmten 30 Jahre lang sein Leben. Simenon hatte die ganze Welt kennengelernt, bevor er sich in der Schweiz niederließ. Zuerst in einer Villa oberhalb des Genfersees, danach in einem alten rosa Häuschen in einem Neubauviertel in Lausanne. Er entschloß sich, keine Romane mehr zu schreiben und statt dessen ausgreifende autobiographische Arbeiten zu diktieren. Sein reiches Leben krönte Georges Simenon mit der Niederschrift der monumentalen *Intimen Memoiren*. Er starb am 4. September 1989 in Lausanne.
Das Phänomen Simenon in Zahlen: mehr als eine halbe Milliarde Gesamtauflage, über 300 Romane, mehr als 50 Verfilmungen, etwa 20 Pseudonyme und 10 000 Frauen, mit denen er – so kolportierte er selber – geschlafen haben soll.

Das Gesamtwerk
von Georges Simenon
erscheint im
Diogenes Verlag

»Da lesen ihn Hausfrauen und die experimentellen Lyriker; es lesen ihn die Stenotypistinnen und die Mythenforscher, die Automechaniker und die Atomphysiker... ja, ich kenne Texteverfasser von höchster Esoterik, die, wenn sie einmal ein Buch lesen wollen, ein richtiges Buch, Simenon lesen...« *Alfred Andersch*

»Er ist der beste Krimi-Autor unserer Tage. Er hat etwas von Edgar Allan Poe.«
Dashiell Hammett

»Simenon erinnert mich an Čechov.«
William Faulkner

»Ich lese jeden neuen Roman von Simenon.« *Walter Benjamin*

Franz Kafka
Brief an den Vater

Mit einem Nachwort von Max Brod

»Liebster Vater, Du hast mich letzthin einmal gefragt, warum ich behaupte, ich hätte Furcht vor Dir. Ich wußte Dir, wie gewöhnlich, nichts zu antworten ...«
Franz Kafka

»Eine Analyse des Verhältnisses dieses besonderen Vaters zu diesem besonderen Kind und vice versa, eine Selbstanalyse schärfster Art, die sich episodenhaft zu einer kleinen Selbstbiographie weitet.« *Max Brod*

»Kafka ist so wichtig für uns, weil seine Probleme die des heutigen Menschen sind.«
W.H. Auden